OS MACHÕES DANÇARAM

OS MACHÕES DANÇARAM

Crônicas de amor & sexo em tempos de homens vacilões

Xico Sá
[Livro final da trilogia Modos de macho & modinhas de fêmea]

EDITORA RECORD
RIO DE JANEIRO • SÃO PAULO
2015

CIP-BRASIL. CATALOGAÇÃO NA PUBLICAÇÃO
SINDICATO NACIONAL DOS EDITORES DE LIVROS, RJ

S111m
Sá, Xico
Os machões dançaram / Xico Sá. - 1. ed. - Rio de Janeiro: Record, 2015.
il.
ISBN 978-85-01-10470-0

1. Crônica brasileira. I. Título.

15-22161
CDD: 869.98
CDU: 821.134.3(81)-8

Copyright © Xico Sá, 2015.

Projeto de capa e miolo: Marcelo Martinez | Laboratório Secreto
Ilustrações: Laboratório Secreto

Texto revisado segundo o novo Acordo Ortográfico da Língua Portuguesa.

Todos os direitos reservados. Proibida a reprodução, armazenamento ou transmissão de partes deste livro, através de quaisquer meios, sem prévia autorização por escrito.

Direitos exclusivos desta edição reservados pela
EDITORA RECORD LTDA.
Rua Argentina, 171 - Rio de Janeiro, RJ - 20921-380 - Tel.: 2585-2000.

Impresso no Brasil

ISBN 978-85-01-10470-0

Seja um leitor preferencial Record.
Cadastre-se e receba informações sobre nossos lançamentos e nossas promoções.

EDITORA AFILIADA

Atendimento e venda direta ao leitor:
mdireto@record.com.br ou (21) 2585-2002.

"O homem começou a própria desumanização quando separou o sexo do amor."

Nelson Rodrigues,
in O Reacionário.

"Cachorra, au au.
Gatinha, miau."

Tati Quebra Barraco,
in Cachorra chapa quente.

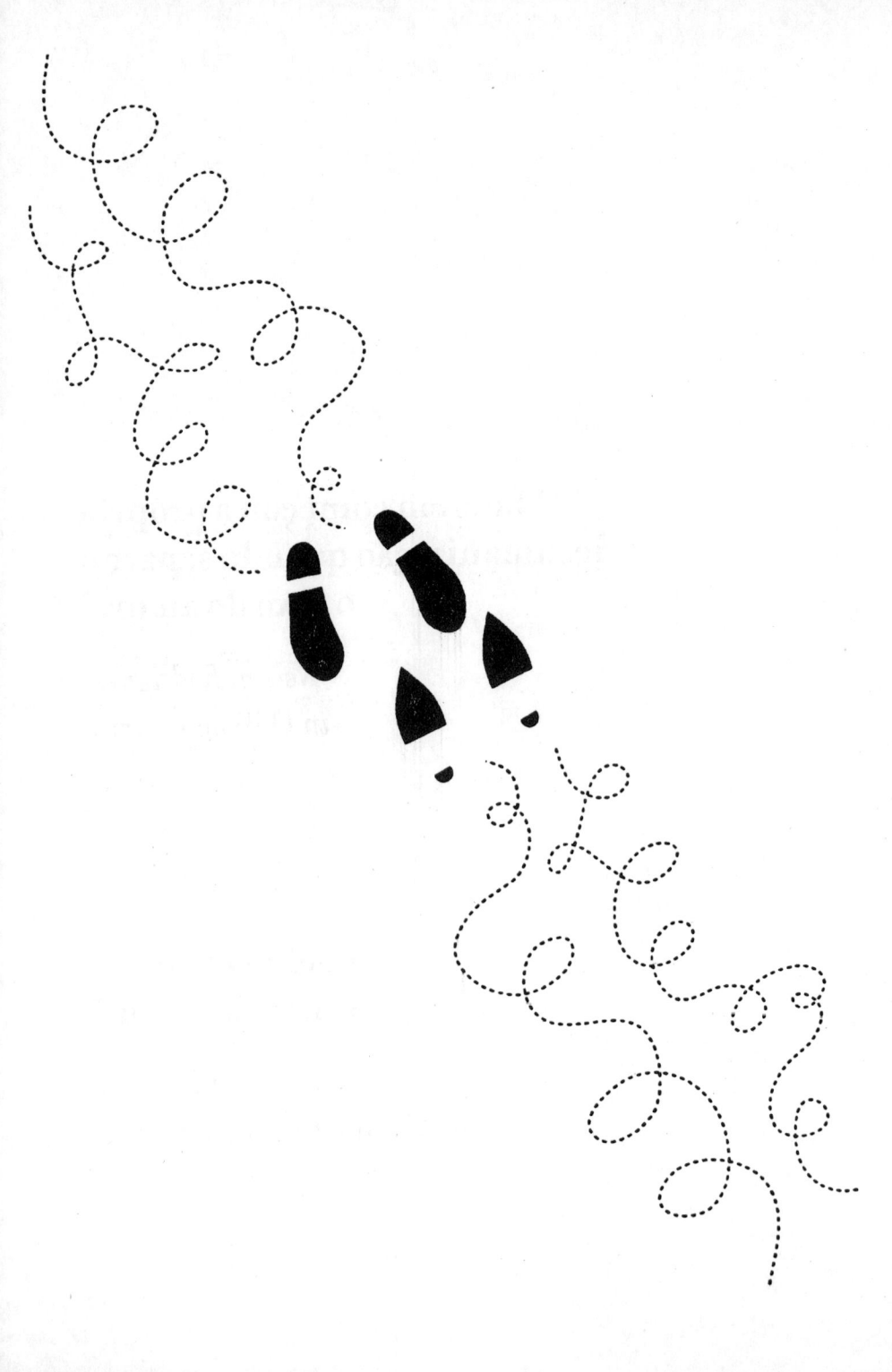

Este é para Larissa Zylbersztajn, que aparece no primeiro volume desta série em uma crônica sobre a noite de São Paulo, especialmente como encanto radical das madrugas do bar Matrix, no começo dos anos 2000.

Quis o destino que ela agora, quando completo a trilogia, estivesse ao meu lado. O amor sempre nos sugere um traçado místico — ou a gente inventa para que assim seja. Evoé, Baco!

Breve advertência do autor

Este volume reúne algumas crônicas publicadas no *El País/Brasil*, no meu ex-blog na *Folha de S. Paulo* e no Facebook, além de um punhado de inéditas. Os posts já publicados na internet ganharam uma reescrita e um ordenamento narrativo inspirado no que chamo método ecológico Balzac de reciclar textos da imprensa em livros – a ideia de contar uma versão da história no comportamento de uma época.

Meus agradecimentos à *Folha*, em nome do amigo Sérgio Dávila, editor-executivo, e Ricardo Melo, então editor da Folha.com; *gracias El País*, nas pessoas dos comandantes Antonio Jiménez Barca (veio da Espanha e me contratou durante uma moqueca com muita cerveja n'O Caranguejo, em Copacabana) e Carla Jiménez, pelo carinho e profissionalismo.

"Os machões não dançam."
Norman Mailer

"Se o macho está perdido, não sou eu que vou procurá-lo."
Marçal Aquino

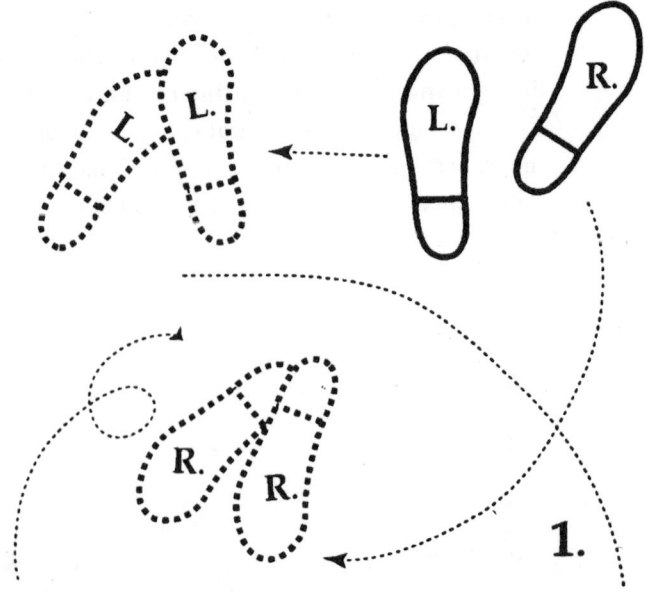

PARTE I
TIPINHOS DE HOMENS

O MACUNAEMO
(De uma prosa com o amigo Ortton, cantor e compositor pernambucano)

Com vocês, o Macunaemo! – típico brasileiro metropolitano dos nossos dias.

Metade preguiçoso qual Macunaíma, o herói sem nenhum caráter do escritor Mário de Andrade – metade chorão, cordial e sensível como um globalizado roqueiro emo de qualquer parte do planeta.

Tomado de tristeza – cool! – e preguiça, Macunaemo despediu-se das índias icamiabas e dos punks de periferia e partiu rumo à Rua Augusta.

Na Avenida Paulista, o primeiro susto com o processo civilizatório: uma gangue homofóbica suspeitou dos seus trejeitos delicados. Passou liso, ileso, malaco. Ufa!

Na Vitrine, pizzaria & churrascaria, calor dos infernos, já descendo a Augusta propriamente dita, beijos e abraços nos jovens que representam a sua metade sensível. Uma festa.

Por inteiro, pensou, por um segundo, em catar uma mina. Profissional ou amadora. Melhor não, deu preguiça, prevaleceu a outra parte. Deixa quieto.

Pansexual por natureza, sentiu tesão por um fortinho jeca. Preguiça. Esquece.

Agora está no Bar da Galega, também conhecido por Ecléticos, madruga. Cobiça Rapha Iggy Pop, a transex, mas também não pega no tranco o falível motorzinho da testosterona.

Preguiça da dramaturgia do sexo. Vai ao Pescador jogar uma sinuca, agora tomado por uma bicha lúdica com um parque de diversões na cabeça.

Donde encontra o Pereio, porra. E joga de dupla. Duas tacadas. Na terceira, o gaúcho de Alegrete, ator, macho e poeta, dispensa o pobre Macunaemo.

Nosso herói cafuzo chora de saudade da sua icamiaba predileta. Se soubesse, teria ficado na tribo. Nem teria vindo para São Paulo de Piratininga. Culpa até o Bilhete Único pelo avanço, pelo democrático direito de ir e vir etc. Na ressaca moral, lhe parece maléfico ter deixado inclusive a saudosa maloca da Sapopemba.

O HOMEM DE OSSANHA

É o grande e majoritário representante do nosso tempo, tão marcado por machos vacilões. Trata-se, em resumo espremido que nem limão de boteco pé-sujo, daquele cara que repete o comportamento da música "Canto de Ossanha", samba de Vinicius de Moraes e Baden Powell: "O homem que diz 'vou'/ Não vai!"

O cara que provoca, assanha a moça no campo virtual e, na vida real, sempre cai fora com uma desculpa furada de última hora. E, assim, parte para outra ilusão interneteira, ou mesmo um caô ligeiro praieiro no Rio de Janeiro, para ficar no sítio donde tenho ouvido mais testemunhas sobre o tal tipo citadino aqui relatado. Prossigo.

A UTOPIA DO MACHO ALFA

Essa coca é fanta, esse alfa é beta. Esse alfa, sei não, vacila. No fundo, no fundo, esse alfa não representa um macho-jurubeba.

Na real, nunca fui muito com as certezas absolutas deste rótulo. Tão sob medida para o consumismo quanto o metrossexual, supostamente seu antagonista.

Como pode existir um homem com tantas convicções inegociáveis, com tanto arrojo e determinação em uma era de tantas incertezas?

Há uma arrogância de quinta no macho alfa. Desconfio de tal criatura e de sua leonina juba.

Esse caçador é caça.

O super-homem do RAIO GOURMETIZADOR

Depois do homem-buquê, o cidadão que cheira a rolha e faz um tratado sobre o amadeirado do vinho, um tipo muito mais perigoso é o camarada do raio gourmetizador. Ele não pode ver um clássico ou tradicional prato da cozinha em paz. Pensa logo em fazer uma releitura.

Nem a moela, um dos mais clássicos dos tira-gostos, escapou do terrorismo de tal assombrosa pessoa. O sarapatel, meu Deus, está com os dias contados; a mocofava, idem.

O indigesto personagem chegou ao ponto de transformar uma rabada em uma estúpida colherzinha de espuma com aroma de... rabada. Tudo em suas mãos vira gourmet. Até, pasme, o velho e imexível pão com ovo. No Rio, no verão do ano da graça de 2015, a merenda foi gourmetizada e atingiu o valor de R$24. Corra, Lola. Corra.

O raio que o parta – estimado gourmet – atingiu até, oremos, a hóstia consagrada que simboliza o sacramento da eucaristia da Igreja Católica Apostólica Romana.

Como ex-coroinha, peço piedade, Senhor. Piedade. Quando você acha que já viu tudo em matéria de frescura, eis que aparece uma modinha para mostrar que o mundo está mais perdido do que você imagina: a onda no Rio da Jornada da Juventude católica é a hóstia gourmet, minha gente.

Se Deus está relax no balneário, tudo é permitido. O super-homem do raio gourmetizador ataca o que temos de mais sagrado: a cozinha como ideia de afeto e memória. Nem a comida da vovó escapa.

O OCUPADO HOMEM-OCUPAÇÃO

"Você ocupa tudo", diz a moça ao seu namorado. "Me ocupar que é bom, nada."

Acompanho a lenta e lerda discussão de relação do jovem casal.

"Você só ama a causa. Seja qual for, não importa. Seu indie de passeata", ela acusa. "Amar a humanidade é genérico e fácil, quero ver amar uma mulher de verdade."

Não faço a menor ideia do que seja indie a essa altura do campeonato. Velhos como este cronista, ao Google.

O caso do ocupado homem-ocupação ouvi na fila do cinema no feriadão, no shopping Frei Caneca, pré-estreia de *Os amores imaginários*.

"Não é bem assim. Vê onde estamos, no cinema!", diz o moço, estilo indie-sujinho-de-propósito-estiloso. "Sua queixa não faz tanto sentido."

"Se eu não surto, nem isso. Você só quer saber de ocupar, vê a cara, está com a cabeça longe, sempre na causa", a menina segue com a sua, aparentemente, razoável crítica.

"Larguei tudo pra aproveitar o sábado contigo", rebate o moço, cara de gente fina.

"Você tá aéreo, lesado, com a mente no Ocupa Sampa. Você está para lá da ocupação de Wall Street", a garota não perdoa, mata. "Você só falta gritar palavra de ordem quando a gente, ra-ra-men-te!, transa."

"Não exagera, Gi", ele a puxa para um beijinho terno, não muito sexy.

"Você ocupa reitoria, enfrenta os brutamontes da PM bandeirante, põe a cara nas marchas", ela prossegue. "Acho mó válido, viva la revolución. Mas, porra, vê se me ama, vê se me come direito."

"Você já me conheceu na luta, no churrasco da estação Higienópolis, não é justo agora essa queixa", diz o namorado. "Aliás, você é que anda muito alienada. Acho que anda lendo o que escrevem esses blogueiros de direita."

"Repara se sou aquela tua ex, a reacinha-patricinha-coxinha de nariz arrebitado", contra-ataca a garota. "Não tenho nada contra suas atividades, mas me ocupa também, Fê. É só isso que te peço, porra. O que custa?"

"De certa forma, o vácuo deixado com a decepção com parte da esquerda nos faz repensar a luta com uma pegada mais apartidária e anarquista", ele ataca, como se num delírio com causa.

"Hello, se liga, não estou falando? Sua cabeça tá lá no Ocupa SP, lá no viaduto do Chá, em Wall Street, pra lá de Marrakech, na Primavera Árabe, no inferno", ela desabafa.

E chora.

"Calma, amor, é TPM, não é?", consola, da pior maneira, o cara.

"TPM da sua mãezinha, aquela comunista que veste Prada, de quem você herdou essa rebeldia escrota", ela pega pesado.

"Os comunas italianos são os mais elegantes do mundo", ele diz, com bom humor, para desarmá-la.

Ela sorri: "Seu besta."

"Minha ocupaçãozinha mais *guapa*", ele diz antes de beijá-la.

"*Hay que ocupar, pero* sem perder o amorzinho gostoso jamais", ela também tira onda.

Fica escuro. Começa o filme. É sobre um triângulo amoroso obsessivo no Maio de 1968, na França.

O macho não existe, MESSIÊ LACAN, UFA

Se a mulher não existe, no sentido que dizia o Sr. Lacan — o de não ter aquele pingolim dependurado —, o homem de hoje é mais inexistente ainda. Continua com aquilo balançando entre as pernas, mas agora o tal objeto serve apenas como pêndulo de uma dúvida cruel: o que sou diante da nova-fêmea-desprovida-da-velha-inveja-do-pênis?

O homem não existe. Pouco importa o tamanho, coisinha que tanto significava na trena do doutor Freud. Nem que a gente aumente os centímetros que Deus nos sonegou por mera sacanagem divina — só para se mostrar superior mesmo diante do pobre, faminto, pecador e envergonhado Adão no paraíso cheio de rosadas maçãs argentinas.

O homem não existe. Urge, pois, tentar recriá-lo a partir da costela do último macho-jurubeba que resta sobre a Terra. Vamos esquecer o pênis, o pau, a rola, a pica, o pinto, o pra-te-vai, o zebedeu, o caetano, o gregório, o maranhão, o bráulio e outros trezentos batismos existentes no Brasil e em Portugal para denominar a mesma insignificância extremada da anatomia masculina.

E não é simplesmente batendo o velho e obsoleto objeto da inveja na mesa que nos reinventaremos como machos na era do avanço e do desmanche dos gêneros. É, amigo, para muitos estudiosos, essa gente é um belo perigo para a humanidade. Não existe mais essa coisa de ser menino, menina ou comum de dois. Já era.

Não, seu empedernido macho-jurubeba, ainda não é o fim do mundo. É apenas um pouco tarde. Calma. Podemos mostrar alguma importância como homens — ri de mim, macaco darwiniano!

Podemos, por exemplo, em um exercício de submissão sem fim, reencarnar a velha Amélia que era mulher de verdade. O amelismo radical é uma saída possível para a macharada. Em alguns momentos da história, só a submissão total e irrestrita nos garante a sobrevivência.

No que o amigo, chupando o frio picolé do ressentimento do machismo eterno, pode bradar, qual um Dom Pedro I em cima de um pangaré falso-à-bandeira: epa, alto lá, mulher não respeita homem que rasteja feito um tatupeba do amor e da sorte.

Donde fechamos esta fábula, neste mundão perdido e sem porteira, com uma moral enfiada na goela da realidade: só o pansexualismo salva.

Em extinção, o macho-jurubeba ESPERNEIA

Diante de tão desanimador cenário universal, o macho-jurubeba, que vem a ser o macho-*roots*, o macho com todos os defeitos de fábrica, o macho quase extinto, seja da Mooca ou da minha nação Cariri, resiste. O macho à prova de metrossexualismos e baitolices é um gaulês em qualquer aldeia do fim do mundo.

O macho-jurubeba começou a perder espaço desde a entrada de Rodolfo Valentino (1895-1926) em cena, como atesta H. L. Mencken n'*O livro dos insultos*. A derrocada começou aí, parece. Depois, óbvio, a verdade bíblica: da costela de David Beckham, Deus fez a fraude metrossexual e publicitária de fato.

Donde o macho-jurubeba hoje é, além de um homem de verdade, apenas uma questão de nicho. Está indo para as cucuias, porém grita, se manifesta. Não na ideia babaca de passeata ou dia do orgulho hétero – aí se trata apenas do gesto carnavalesco dos enrustidos. A jurubebice é maior, atávica, grita da caverna platônica grunhidos incompreensíveis para esses moços, pobres moços.

O macho-jurubeba é uma força maior da natureza. O macho-jurubeba é a última, derradeira e final tampa de Crush. O macho-jurubeba é aquela Coca-Cola toda atirada no infinito no filme *Os deuses devem estar loucos*.

PELO DIREITO DE SER CAVALHEIRO

Cavalheiro ou canalha? É o título da reportagem da revista *Carta Capital*. É que as novas feministas – ou os novos feminismos – acham que a gentileza masculina é apenas uma armadilha de dominação.

É, amigo, desejam praticamente criminalizar o código dos bons modos do homem, como puxar a cadeira do restaurante, abrir a porta do táxi, proteger a formosa dama em uma travessia de rua, ser elegante com as moças etc.

Sobrou até para o Obama. Caiu na besteira de elogiar a beleza da procuradora-geral dos EUA, Kamala Harris. Levou cacete das minas mais radicais. Que mundo chato, meu Deus!

Todo canalha é um pouco cavalheiro, mas nem todo cavalheiro é canalha. O canalha é o cavalheiro de resultado, somente no momento da conquista barata.

O cavalheiro por vocação é gentil vinte e quatro horas, tenha interesse ou não na mulher. Se tiver interesse, só reforça no seu código de gestos e delicadezas.

Ver como negativo os bons modos é pura paranoia delirante. Um cavalheiro convicto não abandona seus gestos, sob pena de sentir-se um tosco, grosseiro.

Óbvio que está meio fora de moda ser cavalheiro. Os mais jovens nem sabem mais o que é isso. Sintoma dos novos tempos. Isso não significa, no entanto, que sejam menos ou mais machistas.

Tratar uma mulher como se fosse um "mano" qualquer não creio que seja também um avanço.

Perdão pelos bons modos, mas resisto. Primeiro as damas.

Os machões dançam, velho e bom
NORMAN MAILER

Diante dos últimos estudos científicos, arrazoados econômicos e observações particularíssimas, creio só nos restar, macharada, uma saída: retomar a nossa vocação medieval e agropastoril. A saída está no campo, nas montanhas ou no brejo propriamente dito.

É tudo que sobrou para a rastejante criatura do sexo masculino no século XXI. É, amigo, faça como este cronista: comece a comprar também o seu pequeno rebanho de bodes e cabras.

Os sinais da nossa falência como seres modernos partem de todas as fontes e disciplinas. No campo, quem sabe, recuperemos a nossa essência.

O economista e jornalista Reihan Salam, em texto para a revista *Forbes*, soltou o rojão apocalíptico: "Podemos dizer agora, sem medo de errar, que o legado mais duradouro da atual crise financeira não será o fim de Wall Street, não será o fim das finanças e não será também o fim do capitalismo. Essas ideias e instituições sobreviverão. O que não sobreviverá é o macho."

Segundo o Sr. Salam, um norte-americano na casa dos seus 30 anos, a crise internacional do fim da primeira década dos anos 2000 encerrou definitivamente o domínio da macharada sobre a fêmea. A tese do moço: até o fim do ano daquele período, vinte e oito milhões de homens perderiam o emprego e, em consequência do baque psíquico, estariam definitivamente mais frágeis e infelizes.

Sim, aqui evidenciamos, por enquanto, apenas a questão econômica. Querem questão mais forte em se tratando do nosso histórico de provedores?

Não é à toa, diz o analista, que, na blogosfera de finanças e economia, a situação é chamada de "he-cession", um trocadilho em inglês para definir o peso do mundo sobre os ombros masculinos.

Para justificar o seu mote catastrófico, Salam cita estudos que mostram como a cabeçorra do marmanjo é mais afetada por uma demissão do que a mente feminina.

E, além disso, mulher, tem outra coisa, de acordo com o mesmo teórico: boa parte da ajuda dos governos para as instituições está indo para setores dominados pelas meninas – saúde, educação e serviços sociais.

É, amigo, a falência do mundo é masculina, e muitas mulheres têm sido eleitas ou nomeadas, tanto na política quanto na economia, em repúdio às barbeiragens dos canalhas.

Repare no caso da Islândia, país varrido pela quebradeira global, que escolheu para o seu projeto de reconstrução a primeira-ministra Jóhanna Sigurðardóttir, pioneira como grande líder declaradamente lésbica.

O homem lesou, e a mulher vai mesmo tomar conta do barraco. No atacado e no varejo. Observe como em qualquer serviço as moças resolvem com mais rapidez e competência.

Fiquei impressionado outro dia, na recepção de um hotel em Santos, por ocasião do evento Tarrafa Literária, como o macho virou uma bobina, qual um carretel de cacimba de tão enrolado.

Era apenas um check-in, amigo, um simples procedimento de hotelaria, mas quem disse que o rapaz decifrava as coisas?! Bastou chegar uma simpática mocinha e, pá, com dois toques no sistema, mostrou quão simples era tudo.

Sim, é somente uma cena boba pinçada do sacolão da rotina, porém diz muito. Nem preciso falar que o representante do sexo masculino tem inclusive mais tempo de casa que a senhorita. Seria espezinhar demais a nossa trupe.

Nas escolas, então, milhares de pesquisas, aqui e na Europa, revelam como as meninas dão couro nos homens, incapazes de interpretar um texto.

É, amigo, nos restam as atividades agropecuárias e as trincheiras das guerras, velhas práticas dos selvagens. Os machões dançaram, caríssimo Norman Mailer, ao contrário do que dizia o título do seu notável livro.

Em busca das pregas perdidas,
VELHO PROUST

Recordo a casa com varanda, minha mãe lá dentro dela... O Roberto mais freudiano, faixa "O divã" na vitrola.

Cantei muito esta, indagorinha, na companhia dos amigos bons de São Luís, lá na madruga do Chico Discos, um bar-sebo, preciosidades na bagaceira das prateleiras e mulheres com o feitiço da misteriosa serpente que vive sob as pedras históricas da lenda-mor da Ilha.

"Meu corpo cansado e eu mais velho/ Meu sorriso sem graça chorou/ Ah, como eu amei!" Agora já estamos com o Benito de Paula, gênio do piano, pianinho, pois viver é maciota, só o vento sabe a resposta, já dizia um best-seller das antigas.

Viver, eu sei lá que diabo é isso. Viver é um frege, um frevo em New Orleans, *Bitches Brew*, de Miles Davis, pela Orquestra Contemporânea de Olinda. É só um risco no disco, meu amor proibido em setenta e oito rotações por minuto.

Agora mudando de pau para cacete. Hoje é meu aniversário, por isso estou com esse papo aranha sobre o tempo. Hoje é aquele dia em que um amigo sacana repete a secular piada sobre a busca das pregas perdidas.

No natalício, viro homem do mato, me escondo, peço penico a um Deus possível, tiro onda relembrando as lições que aprendi ao ler e reler *Resoluções para quando eu me tornar velho*, o extraordinário manual de Jonathan Swift, o mesmo sábio das *Viagens de Gulliver*.

O irlandês, que viveu exageradamente para os padrões da época (1667-1745), nos deixou um receituário que pode nos ajudar a envelhecer da melhor forma. Se é que é possível envelhecer com decência. Prefiro não.

Logo de cara, o autor adverte sobre as Lolitas: "Não me casar com uma mulher jovem." Deus é colágeno, ele envergonhadamente admite.

Corra, tiozinho. Corra! Mesmo sabendo que mulher nova, bonita e carinhosa faz o homem gemer sem sentir dor. Mesmo sabendo, como diz o cancioneiro, que "pra cavalo velho o remédio é capim novo".

Fundamental: "Não ser rabugento, taciturno ou desconfiado." Se tem uma coisa que chama e que apressa a velha fatal da foice é a tal da rabugem.

Agora o mais grave e mais difícil para um homem envelhecido em barris de carvalho: "Não contar a mesma história de novo e de novo às mesmas pessoas." E esse é justamente o maior pecado deste cronista repetitivo.

É, contar a mesma história, com empolgação de quem conta uma novidade, é um dos maiores sinais de que a velhice chegou. Seja qual for a sua faixa etária.

O tempo passando e eu mais velho. Como amei!

Uma imagem a zerar, como me receita o amigo Paulo César Pereio.

E, neste balaio de gatos e citações, vale ainda e sempre o eterno mantra para envelhecer sem decência alguma, caros librianos: "Senhor, livrai-me das tentações, mas não hoje" (Santo Agostinho).

ELE, O VELHO CLINT

E o mundo (ainda) não se acabou. O crepúsculo do macho-jurubeba, inimigo público declarado dos novos costumes metrossexuais, foi adiado mais uma vez.

O responsável pela façanha foi, para variar, o velho Clint, Clint Eastwood, 80, que vetou o uso de photoshop na capa da revista *M*, do jornal francês *Le Monde*.

Só o Clint salva.

Homem que é homem não pode se envergonhar das rugas que fizeram residência no seu rosto.

Outro que também se revelou adepto da escola do jurubebismo, para nossa surpresa, foi o físico britânico Stephen Hawking, que completou 70 anos.

Com dois casamentos e três filhos, revelou que pensa mais nas mulheres do que nos mistérios do buraco negro e outros enigmas do cosmo. Bravíssimo.

Além do Clint, e agora do Hawking, especula-se sobre a existência de uma meia dúzia do gênero no Brasil.

No Crato, por exemplo, existiriam dois, ali na subida da serra a caminho do Exu.

Há quem diga ter visto outro na Mooca. Um quarto teria sido catalogado na Bomba do Hemetério, no Recife.

Você conhece algum?

Ajude-nos a localizá-los. Campanha de utilidade pública para salvar esses seres da extinção.

Falo do macho-*roots*, conservado em barris de carvalho, o homem ainda com todos os seus defeitos de fábrica, todos os componentes em ordem.

É, ainda há esperança, velho Clint. Os machos ainda não dançaram de vez; apenas os machões caricatos que apostam em datas como o Dia do Orgulho Hétero e outros vexames do ramo.

Cuidado:
HOMENS SE DEPILANDO

"Ah, não, marmanjo tomando meu lugar na fila da depilação, não. Não admito. Que nos imitem em tudo, tudo bem. Mas longe de mim, que não me atrapalhem na rotina."

A amiga W., a mulher com dábliu maiúsculo que inspirou a música da banda Mundo Livre S/A, me procura, revoltada, ao telefone, com o desabafo, *ipsis litteris*, que vocês acabaram de ler.

"Eu era a favor do metrossexualismo até o dia em que não consegui mais horário que preste na clínica", W. prossegue. É daquelas que disparam a falar e nem perguntam "e aí, tudo bem contigo?".

Tudo bem, W., entendo sua indignação, prossiga:

"Aqui na DepiLeblon eles, os inimigos, tomaram conta", exagera a colossal afilhada de Balzac, 35 anos de lindeza, habitante da cidade do Rio de Janeiro.

"Dizem que os homens já são 40% da clientela das depiladoras cariocas", segue a jovem, talvez lembrando uma recente reportagem apocalíptica.

W. é uma mulher revoltada por natureza e adora essa crônica dos novos costumes. Das moças que me consultam, é a mais fina, RICA!!! e abusada.

Digo "me consultam" porque, desde que fiz o programa *Temas de amor* (Rádio Vale do Cariri, idos dos 1980. Sim, Lola, você nem era nascida!), virei um conselheiro de moças.

Não que eu saiba algo, mas pelo que tento decifrar de pensamento, palavras, atos e omissões dos marmanjos.

Como W. me pegou em um dia leve e suave, na varanda da leseira pós--sesta, digo: "relax, baby, são os novos tempos, nada de mais, cada um faz o que quer com o seu corpo" etc. Todo aquele blá-blá-blá correto etc.

"Ih, caiu a Bastilha sertaneja. Aderiu à depilaçãozinha também, seu picareta?", a nega ficou ofendida. Esperava a mais tosca das solidariedades, como já prestei em outras horas, quando se queixava de homens vacilões, por exemplo.

Fugi da caricatura e até elogiei, por provocação, os camaradas que esteticamente se aviadam, se afrescalham, se abaitolam. Legítimo.

W., a mulher com dábliu maiúsculo, desligou o telefone.

EM BUSCA DO MACHÃO PERDIDO

Em uma reação bem-humorada à onda metrossexual que assola a humanidade, vi na TV, no intervalo de um programa esportivo, uma propaganda de um desodorante para o homem-homem.

Você provavelmente já deve ter visto também, a essa altura.

O cara manda uma porrada no coqueiro e cata um coco para agradar à dama. E haja cenas épicas do gênero, como acender uma vela de um jantar romântico com um lança-chamas. Tudo para fazer derreter a mocinha como em um filme do Velho Oeste.

Aí vem a assinatura, em uma voz que pulveriza testosterona na sala: o desodorante do cabra-macho!

Não chega a anunciar uma nova terra prometida pelos caubóis de Marlboro, mas é um comercial ousadíssimo para tempos exageradamente corretos. E com um humor, a partir dos clichezões da macheza perdida, que você não encontra mais na publicidade apenas engraçadinha e adolescente de hoje – olha a nostalgia aí, gente!

Óbvio que eu preferia o gaúcho de Alegrete Paulo César Pereio ou, no mínimo, o Zé Mayer, mineiro de Jaguaraçu, no papel que coube ao Malvino Salvador, com todo o respeito ao moço, óbvio.

O reclame me fez recordar usos e costumes do macho-jurubeba, essa versão ainda mais original, o macho de raiz, um dos personagens principais deste livro. O termo nasceu mais precisamente no Sítio das Cobras, na zona rural de Santana do Cariri, onde este cronista entre bravos se criou.

Revisitemos, pois, a capanga do macho-jurubeba. Era um sujeito vaidoso, sim, mas sem frescuras. Não confunda.

Na capanga do macho-jurubeba encontramos um espelhinho oval com o escudo do seu time ou uma diva em trajes sumários, um pente nas marcas Flamengo ou Carioca, um cortador de unhas Trim ou Unhex, um tubo de brilhantina no caso dos cabeleiras e um frasco de leite de colônia faz vezes de desodorante.

Vemos também, no fundo do embornal, uma latinha de Minâncora e outra de banha de peixe-boi da Amazônia, para o caso de eventuais ferimentos, calos ou cabruncos.

Em viagens mais longas, barbeador, gilete, pedra-ume – o seu pós-barba naturalíssimo, nada melhor para refrescar a pele e fechar os poros.

Alguns pré-modernos e distintos se antecipavam aos novos tempos usando também Aqua Velva, a loção para o rosto utilizada pelos "homens de maior distinção em todo o mundo".

Vemos também, no kit macho, emplastro poroso Sabiá, pedras de isqueiro com a marca Colibri e um item atual até nossos dias, o polvilho antisséptico, afinal a praga do chulé é atemporal e indisfarçável.

O lenço de pano nem se comenta, não podia faltar nunca.

Era o máximo permitido.

Hoje, você sabe como é, o cara anda por aí com a nécessaire estourando o zíper de tanto creminho.

Outro dia uma amiga de São Paulo foi obrigada a dar uma dura no namorado:

"Ah, não, bancada de creme maior do que a minha na-na-ni-na-não."

A bancada dele parecia a de banheiro de celebridade posando para a *Caras*.

E rolou a maior D.R., a mitológica discussão de relacionamento, da história do bairro das Perdizes e arredores. O amor não resistiu à guerra dos potinhos.

ENOLOGIA SELVAGEM DO MACHO DE RAIZ

Para o amigo da noite e sommelier Manoel Beato

Se, no vinho metido, está a verdade (*In vino veritas*), *In jurubeba fabulari*, ou seja, na jurubeba, está o poder de fabular, mentir, xavecar etc.

Sem mais arroto metido, vamos à sofisticada degustação deste sommelier da caatinga.

A primeira expedição, como no filme *Sideways*, teve como destino Aratu, na Bahia. Não poderíamos iniciar com outro licor dos deuses que não fosse o vinho macerado da *Solanum paniculatum*, a rica fruta conhecida vulgarmente como jurubeba, a pinot noir de quem nasceu para beber, não para cheirar a rolha e degustar como uma freira.

Mal você abre a tampinha de lata reciclada – é mais ecológico; a cortiça vive uma crise na Europa – e já percebe se tratar de um vinho compacto, com um bloco de aromas em leque perfumando o ambiente, mesmo o pior dos pés-sujos da Lapa de Baixo.

De perfil aromático limpo e complexo – não trabalho com amadeirados e quetais –, o Jurubeba Leão do Norte guarda a essência de extratos de cravo, canela, quássia, boldo e genciana. O tanino de caráter rijo junta-se ao caramelo de milho e dá tintas finais a uma coloração entre rubi e frutas negras do semiárido, com halo aquoso ainda em formação.

Repare no sabor fugidio do jatobá e da flor de muçambê, com florais de mulungu e pau-d'arco ao longe. No todo, o equilíbrio chama a atenção. E de que mais precisamos, amigo papudinho, do que deste suposto equilíbrio no momento da volta ao lar, doce lar?!

O vinho de jurubeba harmoniza bem com a gastronomia de sustança. Pratos sugeridos: mocotó, mão-de-vaca, chambaril, bode e caprinos no geral, javali, teju etc.

Podemos aplicar ao jurubeba o mesmo impressionismo paradoxal que o renomado crítico Robert Parker usou para definir o Romanée-Conti: "Aromas celestiais e surreais..." Seja lá que diabo ele quis dizer com essa xaropada de adjetivos.

Saúde! Porque se os outros vinhos ajudam o coração, o jurubeba é reconhecido na medicina popular como um fortificante da cintura para baixo. Afrodisíaco no último.

Até a próxima visita às adegas e aos alambiques mais *roots* do país.

E lembre-se, amiga: antes uma bela de uma mentira amorosa de um macho-jurubeba do que uma verdade arrotada por um homem-buquê – aquele camarada que aplica o caô do especialista em vinhos finos. Corra, Lola. Corra.

A luta do homem para ser UM TIPO PREDILETO

Você quer um homem de pegada e ao mesmo tempo sensível... Lenhador selvagem e fofo no mesmo esqueleto, dominador e dominado, rude como na borracharia e sofisticado no ABC da poesia, açougueiro e carne para o abate na mesma medida...

E você ainda diz que não quer nada de mais, que pede o mínimo possível. Eu é que não sei, que não me ligo nos seus pedidos estampados nos sorrisos amarelos e nos muxoxos de rotina...

Será que, depois de tantos anos, eu ainda não sou seu tipo predileto? Ou você que deseja muitos em um só volume, um só casco, um só vasilhame?

Entre continente e conteúdo, me viro, me esforço, meio Jurubeba Leão do Norte, meio Romanée-Conti, o vinho dos vinhos, afinal viver é Baco, não importa a origem, a rolha, a tampa, o buquê, o rótulo.

Rio dos paradoxos dos seus quereres. Nem que eu fosse o Zelig, aquele personagem camaleônico do filme de Woody Allen, conseguiria atendê-los. Repare que eu até me viro, mas não consigo.

De nada adiantou eu decorar duas ou três coisas dos desejos das mulheres se a minha quer mais ainda do que todas as fêmeas juntas. De nada.

Você quer me mudar demais a cada movimento da Terra em torno do sol. Não vê que a minha capacidade de metamorfose é igual a de uma barata cascuda que resiste ao inseticida e à simples ideia de aventura.

Tudo certo, você conseguiu mudar as minhas camisas sociais de firma; você me deixou com fome com aquelas comidas de chef; você me fez gostar de filmes incompreensíveis; você me tirou de um Sport x Santa Cruz na Ilha de Lost; você me fez entender a importância de coisas que eu julgava não caber no meu figurino de homem do mato.

Diante dos seus gostos e desgostos, meu bem, tenho vontade até de ser bonito, mas eu não consigo: sempre volto atrás, como acabei de ouvir aqui na voz do inimitável cantante Wander Wildner.

O homem moderno E A CRISE DO COMPARECIMENTO

Na cartinha da leitora M., do interior de São Paulo, uma crônica pronta sobre os modos de macho desta segunda década dos anos 2000. Assim ela despacha o pombo-correio ao meu ninho em Copacabana:

"Tenho 43 anos, não sou nenhuma miss, mas não sou feia, sou inteligente, bem-humorada, vivo de bem com a vida, apesar de saber de toda a minha responsabilidade e da solidão que insiste em estar ao meu lado.

Sinto-me muito só, estou sem namorado e estou achando difícil encontrar alguém, não sei bem por quê. Será que os homens só querem as mulheres mais novas? Não sou atirada, de chegar, dar em cima, sou bem discreta.

Virginiana, adoro a discrição... Tento ser um pouco mais atirada, mas acho que não está funcionando bem (rs)...

Bem, queria sua opinião como homem sobre estas minhas dúvidas! Está difícil mesmo?"

Querida M., não está fácil para ninguém. Queixam-se as Lolitas, reclamam as lindas afilhadas de Balzac. Não está sendo fácil, como escuto aqui da Kátia, aquela cantora cega afilhada do Roberto.

Agora, falando sério: não caia nesse conto, não curto essa lenga-lenga tipo David Copperfield. Tampouco se deixe levar por esse conto homofóbico da ditadura gay, meu anjo. Cada um na sua, *no problem*. O que a mulherada enfrenta é a epidemia do homem frouxo, nada mais, minha pequena.

O homem frouxo não chega nem a ser um homem-Tim Maia, aquele que enche o saco e não comparece mesmo ao evento marcado.

O homem frouxo sequer é um homem-ossanha, aquele, a exemplo do afrossamba de Baden/Vinicius, que diz que vai e não vai (leia texto à página 144).

O homem frouxo é quase uma abstração: sofre de um grave problema de comparecimento, de presença; o homem não passa de uma elipse de gênero, que retrocedeu à infância e morre de medo de tudo que desconhece.

VADINHOS E TEODOROS

É, amigo, tem homem que nasce para Vadinho e tem homem que nasce para Teodoro.

O primeiro não presta, mas derrete o coração das mulheres com a sua canalhice; o segundo é um sujeito virtuoso, direito, o objeto de desejo de uma fêmea quando está sofrendo, no dia a dia do lar, com um macho desmantelado.

Teodoro Madureira vivia para o trabalho na farmácia e os inocentes ensaios de fagote.

Quem tem um Vadinho costuma sonhar com um Teodoro... Quem tem apenas um Teodoro talvez sonhe com um Vadinho.

Eles se completam nas suas oposições de espírito. Os Vadinhos jogam, bebem e são raparigueiros, vira-latas, vagabundos, doces canalhas, piolhos de cabarés... Só voltam para casa quando fecha a última barraca do Mercado do Peixe, para ficarmos na geografia soteropolitana.

Os virtuosos Teodoros não deixam faltar nada em casa, homens corretos, responsáveis, fiéis, cumpridores dos seus deveres, não perdem uma missa de domingo.

Como de besta não tinha nada, Dona Flor, por força da quentura do corpo e de alguma espiritualidade, conseguiu o milagre de viver com os dois maridos ao mesmo tempo, o cabra safado e o amigo da virtude.

Aguentou Vadinho, primeiro homem, até o dia em que o dito, em pleno domingo de Carnaval, parou de sambar e caiu duro, fantasiado de baiana.

Uma vida de boemia chegava ao fim, como nos conta o narrador de Jorge Amado: cachaça, jogatina e noites de esbórnia arruinaram o jovem malandro.

Depois de sete anos com Vadinho, tirou um ano de luto e viuvez até casar com o partidão chamado Teodoro.

Morena gulosa, sentiu falta, careceu dos serviços sexuais de Vadinho. Ele volta naquela safadeza espiritual toda.

Dona Flor fez por merecer em vida o banquete, a moqueca de machos fervida no óleo da testosterona.

Só nos resta uma breve sentença: jamais haverá, na literatura brasileira, um personagem tão macho-jurubeba quanto o menino Vadinho. Amado era mestre na arte de pôr em pé os mais amáveis cafajestes.

Fora dos livros e do cinema, pode ser que o esquema não funcione a contento. Mas não custa tentar, evoluída leitora, manter sempre ao alcance dois tipos de maridos ou namorados.

Casar com um Teodoro e ter um Vadinho apenas como amante talvez também seja um esquema vantajoso. Quem possui um deles tem o direito legítimo de querer seu complemento. Permita-se à ousadia, como se diz aqui na Bahia.

Por delicadeza TAMBÉM SE PERDE A PESSOA AMADA

"O discurso feminista da minha ex me fez um homem frouxo", solta Kevin, meu amigo paulistaníssimo, brasileiríssimo, descendente de irlandeses. E tome cachaça na Mercearia São Pedro, em São Paulo, para calibrar as ideias e molhar a palavra.

Kevin deve ter lido isso de algum colunista da imprensa burguesa (risos), tiro onda. Kevin é o cara que mais sofre de amor que eu conheço. E repare que Kevin, um batismo que vem do gaélico — língua de origem celta — significa aquele que nasceu bonito.

Kevin faz sucesso no primeiro momento com as mulheres. Kevin consegue manter amores *calientes* por um mês, no máximo. Depois Kevin se estrepa. Sempre o mesmo enredo. Falo para Kevin não alimentar tanta expectativa e aproveitar a vida.

Se Kevin parasse de amar tanto o tempo todo, óbvio, seria mais incondicionalmente amado – como tanto reivindica.

Kevin repete e repete o seu mantra desta noite: "O discurso feminista da minha ex me fez um homem frouxo." Bobagem, meu bem.

Por isso Kevin, que já nasceu vocacionado a ser bonito, pragueja: "Fiquei um bom cara, perdi mais uma mulher para um canalha."

Calma, Kevin, não é assim que a banda toca.

"Fiquei bonzinho demais", o peste insiste. "Quase uma moça."

Chega dessa lenga-lenga tipo David Copperfield, Kevin. Nunca se sabe por que se ganha ou se perde uma mulher, amigo. É um jogo mais enigmático do que você imagina.

"Sem esse papo autoajuda de boteco", o cara ri da minha suposta seriedade. "A mais radical das feministas tem certa nostalgia do canalha", Kevin berra, como faz sempre no momento em que julga ter dito uma frase sábia.

A então maldita ex de Kevin se aproxima do freezer que usamos de mesa. Alerto o cara. Ele pega na prateleira desse bar-livraria um exemplar qualquer mais próximo. Testa suada e fria, finge que lê o *Short Cuts: cenas da vida*, de um certo escritor chamado Raymond Carver. Ela passa direto ao banheiro. Nem aí para o nosso sofrido K. Acontece nas melhores tabernas dos tristes trópicos ou na Irlanda.

O fofo como novo e ATUALIZADO CANALHA

Ovídio, meu eficiente pombo-correio do amor, não cansa de trazer mensagens e mais mensagens de corações trincados ou simplesmente descrentes nos homens.

O pobre Ovídio arrulha, como se dissesse: "Meu amo, meu paciente conselheiro sentimental, te viras que a bronca é pesada." Novos ares, partiu, e lá se vai a avoante figura sobrevoando as encostas do morro do Cantagalo, aqui onde habito, no Rio de Janeiro, em busca de novas cartinhas.

O principal assunto das missivas que tenho recebido é o seguinte: o cara vem cheio de chabadabadás para cima das moças – principalmente nas redes sociais –, a conversa pega fogo, rola o encontro, o rapaz é fofo e carinhoso, o sexo para começo de história está ótimo, o menino joga na linguagem de um possível caso ou namoro, segue a vida, mais uma saída, um sexozinho gostoso de novo...
Alguns dão até presentinhos...
Fofo!!!
Aí do nada o desgraçado desaparece. Quebra geral a narrativa. Nem um sinal de tambor na floresta, necas de uma mensagenzinha, mesmo que sem graça, em uma garrafa atirada nos mares internéticos.
A moça tenta um contato de terceiro grau. Nada. A moça, amigo, vos digo, não é uma desesperada que viu no encontro uma cena de matrimônio. Ao contrário. Estava na dela, tipo: ele fala em casamento, ela toma uma Coca Zero ou um açaí turbinado. Nem aí mesmo.
Só fica puta da vida porque o miserável das costas ocas, o malassombro, não é claro no seu sumiço. Havia até falado em ver *O grande hotel Budapeste*, o filme, com a nega. Sem falar em outras fofuras futuras etc.
Aí chegamos ao ponto, colega. Os fofos são os piores nesse aspecto. Só os fofos pulverizam o ambiente com o bom-ar das falsas promessas. Os fofos sentem a extrema necessidade de continuar fofos. São escravos disso. Amam ser elogiados pela utópica fofolândia que carregam no mapa imaginário de bolso.
Não vivem sem. Nem a pau, duvido. São escravos da fofura ou da falsa e viciante fofura.
O cafajeste até deixa certo suspense, afinal sabe que o encontro de um homem e uma mulher é e sempre será dirigido pelo cineasta Hitchcock, mas o cafa não engana com os signos da fofice de um possível namoro. Todo cafa é apenas um budista – sem templo – que vive o momento amoroso.
O perigo, nesse sentido, amiga, vem do fofo. O que apenas prova que o contrário da cafajestice não é a fofura.
O bom homem é, digamos assim, o homem normal, o homem da agricultura, da pecuária, o vaqueiro, o suburbano sem os arrotos do canalha-buquê dos vinhos finos.

O fofo pode ser, sim, um perigo. Sendo indie ou não.

O fofo sofre de um certo don-juanismo, a doença da conquista pelos bons modos e a boa impressão que causa. Aquele que faz a moça ligar para a amiga no dia seguinte e dizer, na euforia: "Bicha, num acredito, o que é esse homem, tão sensível, curte literatura, ama o Morrissey..."

O fofo tem sangue-frio na sua arquitetura da decepção. O fofo constrói todo um repertório de coincidência de meus livros, meus discos, minhas bandas etc.

Sumir todo mundo some: homem, mulher etc. Mas na equação entre promessa e fuga ninguém supera a covardia — sentimental ou sexual — de um homem dito fofo.

Homem bom é HOMEM DE RESSACA

O homem só é bom por inteiro quando está de ressaca. Este coro greco-cratense me persegue na inércia kafkiana desta manhã.

Como é virtuoso o homem de ressaca! Se não bebe, vale a ressaca moral, naturalmente.

Ao amigo que emenda uma bebedeira na outra de modo a não conhecer mais esse estado de espírito, recomendo: vale a pena dar uma chance a uma ressaquinha felina.

Na ressaca, o homem tem alma de gato; no restante da vida, o homem repete o cachorro.

O primeiro pensamento do homem de ressaca solteiro é casar-se, ter filho, uma vida regrada, amar a Deus sobre todas as coisas, cumprir os dez mandamentos.

Sim, ao acordar naquela manhã de sonhos intranquilos, amigo Otto, o mais vagabundo e vira-lata dos homens pensa em véus e grinaldas.

O homem de ressaca está sempre em um altar imaginário à espera da noiva.

Se for casado, o homem de ressaca põe na ponta do lápis os planos para o ano-novo.

E promete. Como promete um ressacado. Promete mais do que todos os prefeitos assumidos neste primeiro de janeiro.

O homem sob o sol da ressaca é de uma dignidade estupenda. Imaculado, fiel, ético, extremamente confiável nesta real grandeza da hora.

Impecável. O homem diante do chá de boldo de todas as regenerações morais deste início do Ano da Graça.

Carinhoso. Ninguém é mais carinhoso com a mulher do que o homem de ressaca. Só não leva café na cama por estar sem condições físicas para o ato, mas pede os melhores pratos em domicílio.

Neste instante da comida, ele faz, inclusive, mais uma promessa: este ano será mais do cinema de mãos dadas e cada vez menos do boteco.

Mesmo em câmera lenta, como é bom de cama o homem hepaticamente fragilizado. Aliás, amigos, deixo uma interrogação das mais sérias: por que ficamos tão tarados em dias de ressaca? É uma paudurescência infindável — mesmo sabendo que a ressaca, depois dos 40, é uma doença, uma dengue existencialista.

Recapitulando: o homem de ressaca é perfeito. Não mente, não pula a cerca, é carinhoso e tântrico.

Só na ressaca existe o homem. É nesse estadão das coisas que a sua bondade se revela.

A METAMORFOSE DO CAFAJESTE

Quando acordei de sonhos intranquilos, me vi, naquela monstruosa ressaca, metamorfoseado no mais fiel dos bichos de toda a natureza. Um legítimo arganaz do campo, de nome científico *Microtus ochorogaster*, um tipo de camundongo norte-americano que ostenta a fama do animal com maior índice de fidelidade do universo.

Esse rato de pelo mais arrepiado, quase punk, sou eu. A neurociência do amor atribui o arrojo de tal roedor ao hormônio oxitocina. O meu caso é mais subjetivo; devo ao feitiço de uma moça que chegou à minha vida como quem pede um copo de d'água e me deixou na maior secura.

O que essa *marvada* tem de tão especial assim, meu velho cronista? Difícil responder. Esse louco amor não se explica. É amarração superior, além, muito além das interrogaçõezinhas da psicanálise selvagem de botequim. Difícil explicar, mas tentarei resumir, nestes humildes garranchos, onde é que o visgo da nega fisga o pobre pássaro.

Sem jogo dramático, naturalmente, ela sempre me deixa como se estivesse em um filme de Hitchcock. Completo suspense. Agora, mudando de gênero, amor é sempre cinema: me deixa inseguro que só mocinha de faroeste.

E o fio terra da dominadora? Pense, não julgue. Não há machão que não dance, meu velho Norman Mailer, nesse insuspeito salão da sacanagem. Talco no salão, diria, para lembrar a famosa festa moderna da noite de San Pablo.

Como se fazia para ouvir bem os rádios de antigamente, o fio terra é a salvação da macharada reprimida, berra meu inconsciente Signaldo. Sintonia fina.

Ela também domina a arte do bezerro e/ou garrote, como aprendi, nos verdes anos, o nome do que chamam agora pomposamente de pompoarismo. Sim, aquilo mesmo. A virtude máxima de nos prender lá dentro.

Juro que tentei dar umas dicas sobre essa metamorfose. Juro mais ainda, porém, que não há explicação ou safadeza que dê conta do meu estado. O sexo incrível ajuda, contudo não decifra também esse amor todo.

Óbvio que ela tem um olhar rapidamente vesgo; óbvio que ela é um tanto sonsa; óbvio que ela passou a vida na festa e hoje tem um quê de antissocial e melancólica; óbvio que ela tem o nariz grande — se não tivesse, careceria mentir mais, para o meu deleite e escravidão amorosa. Quem resiste a uns olhos sob o filtro?

E não mais tentarei explicar o inexplicável. Tudo que espalhei como bandeiras ou pistas não passam de especulações e espasmos de lirismo – assim diria meu amigo Roberto Batista.

Simplesmente do cafajeste se fez um arganaz do campo, com todo o requinte desse bicho que consegue ser mais fiel que cachorro de pobre-sem-bolsa-família. Mesmo ali, sem a garantia da oferta de uma carne de terceira, rói o velho osso como se fosse um brinquedo ou uma ficção para aguentar a existência.

Homem demora meio século PARA SER MACHO

Tudo bem, tio Nelson Rodrigues já dizia: um homem aos vinte e poucos anos não sabe sequer pronunciar um bom-dia para uma mulher.

Certo, certíssimo. Como no mantra dos sertões: certo como boca de padre, justo como boca de bode.

A gente demora pra cacete a amadurecer. É sério. Não existe carbureto ou qualquer outra química que avexe tal processo bananoso – o carbureto, como qualquer homem de verdade há de saber, é uma pedra milagrosa amadurecedora de frutas em tempo recorde.

Há até quem diga, a tirar pela nossa zoação permanente, que os homens não amadurecem nunca.

Pode ser. É realmente uma eterna pelada com direito a churrasco e cerveja depois. Nada tão ruim assim. Há uma leveza boa também nisso, como me alertava uma ex, coisa *marlinda* das minas sem mares das Gerais do mundo inteiro.

"Ora, homem vai até pra guerra, não é fácil a vida de vocês", dizia a mesma graça de moça tentando entender as nossas bobagens nos quintais da Vila Pompeia & arredores paulistanos.

Tudo bem que a gente demora, volto algumas casas. Mas daí a achar que a vida do macho começa apenas aos 54 é exagero. Demais da conta.

É o que diz uma pesquisa inglesa publicada pelo *The Telegraph*, um jornal dito sério. Se é que existe jornal sério no mundo, fora *O Pharol*, de Petrolina.

A vida principia aos 54 anos para os marmanjos. Ah, é? A manchete me faz deitar na rede branca e reler tudinho do Tolstói de novo. É a única maneira honesta e proveitosa de esperar a minha hora na varanda do Capibaribe.

A tese da pesquisa é até simples: somente a essa altura os miseravões começam a aproveitar a vida como adultos de verdade — haja aspas para adultos de verdade. Somente nessa fase outonal, digamos assim, os homens estariam resolvidos e seguros.

Ao contrário das gerações anteriores, a madureza de hoje é/seria mais demorada. O cara demora mais para sair da casa dos pais, o cara demora mais para ter filho, o cara é um ser demorado, folgado, que foge do vínculo e dos compromissos à moda antiga.

O temor de não acertar na vida — como se a vida fosse uma planilha do Excel — faz também o homem adiar esse momento ideal.

É medo de tudo, rapaz: de ficar sem grana, um *looser* e estranho no paraíso como um personagem de filme de Jim Jarmusch. Pior: um velho lesado e mais liso que muçum (*Synbranchus marmoratus*) do açude do Orós.

O medo da solidão também pega. Principalmente aos domingos. Ai de mim, Copacabana.

O medo do corpo caído (ah, seus metrossexuais mal-agradecidos dos seiscentos diabos!) e outras inseguranças anatômicas. Ah, vão se danar! Homem que é homem não se preocupa com um galinheiro inteiro, quanto mais com um ou outro pezinho de galinha no poleiro da existência.

Deixai as rugas residirem, sem pagar o aluguel da vaidade, em vossos rostos.

Quanta frescura, meu Deus, quanta perobice, quanto baitolismo, quanta qualiragem, quanto frufru e nove-horas, se é que você me entende.

Haja medo. A pesquisa também detectou o medinho de lidar com a careca, com o queixo duplo e com as mamas (rs). Só rindo, amiga. *Las tetas*. Tetinhas mais lindas, como diria meu amigo Marcelo Coppola.

Um autêntico macho-jurubeba não teme essas frescuras. Em um mundo onde os fracos não têm vez, isso não existe. Suponho, supunhetamos.

No Ceará não tem disso, não, como alertava Gonzaga. Pelo menos no Cariri eu garanto. Lá, em nós até a Velha da Foice, mexicana e fatal, chega educada, cheia de com-licenças e cerimônias.

Fiquei invocado com essa pesquisa. Cá entre nós, você acha que somente aos 54 alcançamos essa segurança? Ou nunca?

2.

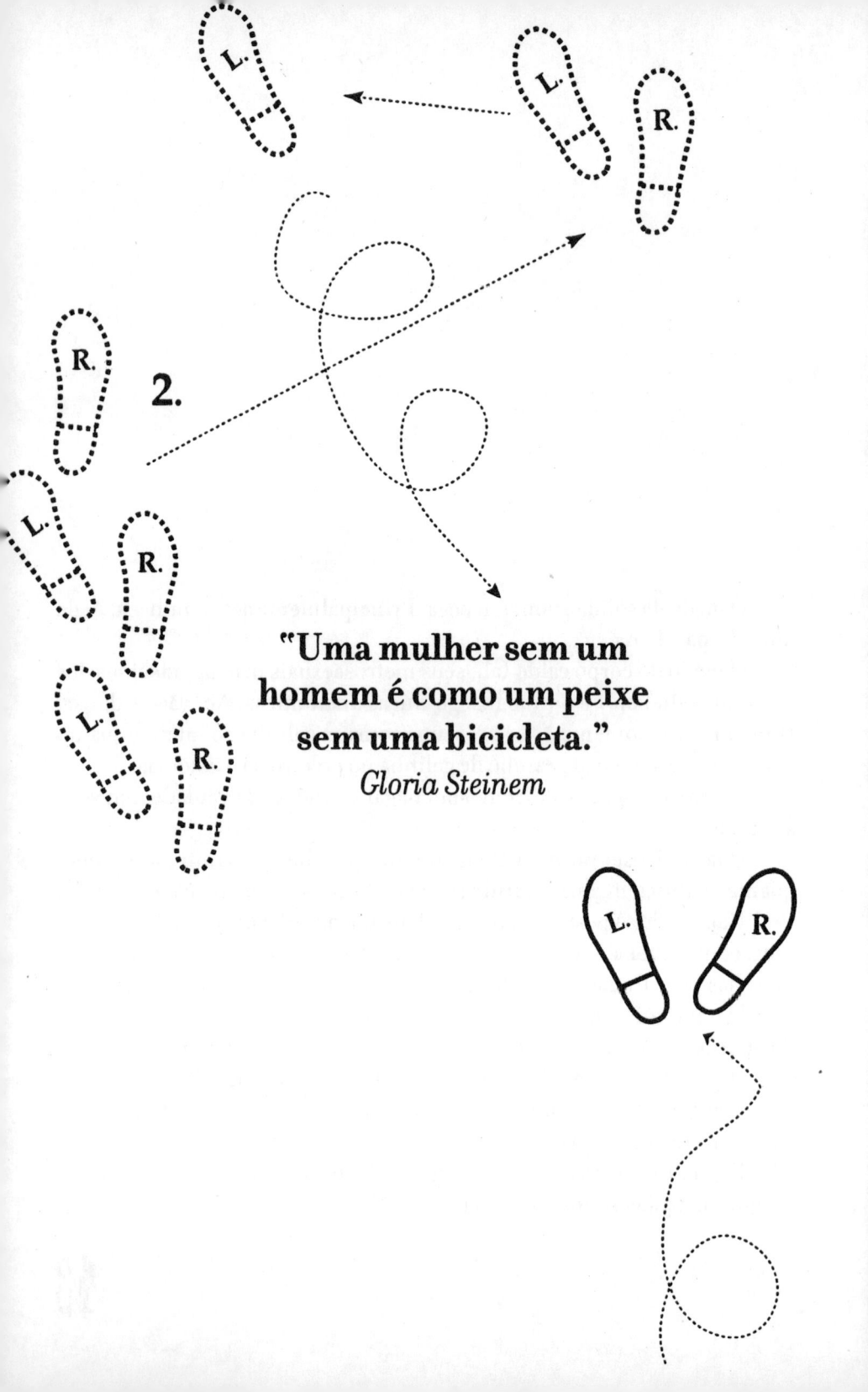

"Uma mulher sem um homem é como um peixe sem uma bicicleta."
Gloria Steinem

PARTE II
OS QUERERES E OS MALQUERERES DAS MULHERES

ATÉ SEI O QUE ELAS QUEREM

Alguns leitores mais ácidos — é bom tê-los como fiscais do meu lirismo bregamente derramado — cutucam, provocam: "Esse cara feio de doer é um populista com as fêmeas, quer arrebatá-las com essa conversinha mole, mimos, delicadezas, agás, nhe-nhe-nhens..."

Bem, falar mal à toa de mulher é que não vou. Besta é tu, besta é tu, como diriam os Novos Baianos, que as demonizam como envenenadas Evas expulsas do Paraíso.

Mulher é minha causa. Mulher é o meu dogma. Mulher sempre foi minha cachaça e meu comunismozinho.

Maltratá-las é que não vou. Muito menos cair no conto de que elas não existem, como queria titio Lacan.

Tampouco é verdade essa historinha de que não sabemos o que querem as mulheres.

Pera lá. Não sabemos tudo, óbvio; não deciframos todos os mistérios. Mas conhecemos muitos modos de agradá-las e cumprir parte da demanda.

Elas merecem, e este, afinal, é o grande desafio de um homem de boa vontade na Terra: o que querem as mulheres? Entendemos a complexidade da clássica pergunta de Freud, mas a interrogação não veio ao mundo para nos acomodar.

Veio para instigar o cidadão.

As mulheres querem que os homens adivinhem, sintam, farejem seus desejos como labradores do amor e antecipem essas realizações.

Bem-aventurados os que descobrem que elas estão a fim de uma viagem à montanha e levam-nas à montanha; bem-aventurados os que sabem que elas não aguentam mais aquele velho boteco sujo e levam-nas a um restaurante decente — dentro das posses, claro; bem-aventurados os que sabem que elas gostam de novidades e detestam quando os garçons nos dizem "o de sempre, amigo?". Essa confortável rotina é coisa de macho!

As nossas mulheres querem que tenhamos olhos só para elas. Aliás, foram contempladas biblicamente pelo décimo mandamento das tábuas da lei entregues por Deus a Moisés: Não cobiçarás a mulher do próximo.

As mulheres querem que alternemos momentos de homens sensíveis e momentos de selvagens lenhadores.

Pena é que costumamos inverter as coisas. Na gana da obediência e do agrado, somos lenhadores quando nos queriam sensíveis, e vice-versa. Comédia de erros. Onde queres Leblon, sou Pernambuco; onde queres romance, rock'n'roll.

As mulheres querem que reparemos no novo corte de cabelo, mesmo que a alteração tenha sido mínima, tipo só uma aparada nas pontas.

O radar capilar tem de acender a luzinha, sem falha, na hora, se liga! Se for luzes, entonces, cruzes!

As mulheres querem... massagem. Muita massagem. Primeiro nas costas, depois nos pés e sempre no ego.

As mulheres querem... molhinhos agridoces. Como elas se lambuzam lindamente!

As mulheres querem... flores e presentes. Não caia, jovem mancebo, nesse conto de que mulher gosta é de dinheiro. Se assim o fosse, amigo, os lascados de tudo não teriam nenhuma, nunca, jamé.

Repare que até debaixo do viaduto está lá a brava fêmea na companhia do desalmado. Ela e o cachorrinho magro, só o couro, o osso e a fidelidade. O que vale é a devoção, amigo.

Mesmo que você seja mais liso que os muçuns do brejo, pobre de marré, marré, pode muito bem presentear dando uma bijuteria com a dramaturgia de uma joia da Tiffany's.

DUAS OU TRÊS COISAS QUE EU SEI DELA

Para Isabelle Pin

Talvez saiba, oxalá, que ela trabalha no Aeroporto Internacional do Rio de Janeiro, Galeão, maestro Tom Jobim. Duas ou três coisas que eu sei dela: guarda em casa para o verão carioca veneno pesado contra baratas, neste exato momento (e só neste) sente falta de um homem e o resto é pavor e varejo.

Sim, ouve Serge Gainsbourg, Beethoven, não sei mais o quê. Não adianta. Na minha chegada a esta antiga Guanabara, lembro-me de cruzar com ela na Nossa Senhora de Copacabana, com uma roupa linda de trabalho da Air France, azul-marinho, lencinho e tudo...

Até o dia em que a avistei, em plena uma da tarde, nos tristes trópicos, verão da taba tupi do eterno mi-mi-mi, à espera do ônibus na Avenida Atlântica: trajes aeroviários, zolhinhos fechando sob aquele sol digno do assassinato do árabe no livro *O estrangeiro*, de Albert Camus.

Câmera lenta para o meu desejo e para o reencontro. Vem o ônibus e o mais lindo: o motorista freia sorrindo para tal beldade. A porta se abre, e a pressão de ar sanfonada é música. Ela sobe com saltinho de bonequinha de luxo. Só me resta o vapor barato da sua ausência.

Nada mais sei sobre ela. Isso é o máximo. Quanto menos souber do que se deseja, melhor o mistério. Na verdade, a moça do Tom Jobim é econômica no que diz sobre qualquer coisa. Acho isso a paudurescência final e completa. Eis uma moça elíptica, guardada, cujo olhar dispara mais reticência do que *A maçã no escuro* de Clarice Lispector.

Mulher mística é pé na bunda NA CERTA

"Minha pedra é ametista/Minha cor, o amarelo/Mas sou sincero..."

Escuto essa genialidade maluca do João Bosco no táxi para casa. Chupa, seu cronista. Chupo o frio Chicabon da solidão a caminho de Copacabana.

Quando você sofre, toda música, principalmente na madrugada, é sua biografia inteira.

"Minha pedra é ametista..."

Repetitivo qual um peru diante de um assobio, o silvo breve do destino, penso, de novo e de novo, a mesma coisa. E banco a vítima, com moral de quem deveras padece o infortúnio.

"Calma, amigo", diz o taxista. "Tem muita mulher no mundo."

"Você que pensa", resposto ao vento. Só existe uma fêmea no planeta: a que você acaba de perder. O resto é Édipo ou homem.

Quando ela se põe mística, meu caro taxista, adeus.

Quando ela pisa nos astros, distraída, meu caro Orestes Barbosa, demorô. Perdeu, playboy.

A mulher é superstição pura. Toda mulher é pisciana de cabeça e leonina de vontade própria. Viagem. Toda mulher não passa de uma Clarice Lispector assassina; fé cega, faca amolada; peixeira de baiano.

Quando a sua fêmea, amigo, começar a falar em retorno de Saturno, na simbologia do tarô, nos recados do feng shui etc., se liga, campeão: é pé na bunda à vista.

Confesso que levei.

Por trás de todo mapa astral ou de uma nova visita à cartomante, há sempre um abandono ou, no pior dos cenários, uma dolorosa e rodriguiana traição à nossa espera.

Aí só resta chupar o frio Chicabon da solidão, como ensinou o próprio tio Nelson.

Só nos resta mascar o jiló do desprezo e quebrar entre os dentes os palitinhos Gina da descrença e da sorte.

Só nos cabe sentar à margem do Rio Piedra e chorar, segundo a recomendação suspeita do mago Paulo Coelho, este, sim, um incansável místico globalizado.

Sim, amigo, a mulher é esotérica desde a véspera da tragédia. Nós batemos à porta da cigana mais vagabunda apenas depois que Inês é morta.

Aqui me pego, agora mesmo, reparem no ridículo, lendo o destino e a sorte na borra de café, o velho método das arábias.

No mato sem cachorro ou sem GPS, o macho moderno, esse cara carente de banco de praça, faz sinal de SOS até para náufragos piores do que ele. Ô vidinha-Titanic e miserável.

Opa, calma, calma que vejo algo nos desenhos involuntários do fundo da xícara.

Tento enxergar na borra do café o meu destino, a minha sorte e as escaramuças da pessoa amada, aquela maldita que nos aparafusa na testa uma fantasia de viking.

Sério, amigo, a mulher é mística de véspera. Nós, homens sensíveis ou machos-jurubebas, somos esotéricos apenas depois que a casa cai.

Peraí, epa, calma de novo que vejo algo bem definido no diabo da xícara.

Parece uma fruta. Pera, uva, maçã? Limpo as lentes de quase dez graus de miopia e astigmatismo e finalmente decifro: uma cebola!

Retrato do meu choro e do abandono? Seria simbologia óbvia demais.

Pera lá. Na dúvida, recorro ao *Guia da leitura no sedimento do café: arte milenar árabe de interpretar sua vida*, um livro de Batia Shorek e Sara Zebavi, que acabo de adquirir em um sebo carioca — que fortuna, que riqueza, viva o sebo Baratos da Ribeiro.

Opa, reparem só no significado da tal cebola: "Indica que a pessoa amada esconde algo do seu cônjuge e o assunto escondido é importante e pode machucá-lo."

Nesse caso nem escondia mais, já havia ido embora, estava da caixa-pregos para a frente. Mas reparem como funciona a leitura da borra!

Como homem, apenas li atrasado o fundo da xícara. Uma fêmea mística teria sabido tudo de véspera.

Seu taxista, pena de mim não precisava. Foi só a porra da borra, amigo.

(A).

(B).

A queda que as mulheres têm
PARA OS TOLOS

Diz-se de tudo sobre as fêmeas. Dizia-se, por exemplo, no final dos anos 1850, do pendor feminino pelos tolos. Quem nunca?

Onde quer que tenha circulado, o ensaio satírico *Queda que as mulheres têm para os tolos* causou polêmica. Originalmente publicado em francês por Victor Hénaux, suas ideias controversas foram debatidas e combatidas na imprensa belga do final da década de 1850. Publicado em 1861 no Rio de Janeiro, em tradução do ainda menino Machado de Assis, aqui também provocou rebuliço — inclusive a confusão de se atribuir a obra ao tradutor juramentado.

Em um resumo grosseiro da tese da época, válida em algumas situações de hoje, as mulheres preferem os tolos aos homens de espírito porque os tolos nunca atrapalham nem ofuscam. "Os tolos as animam", diz o autor, numa felicidade besta a ponto de requebrarem com elas.

"Entregam-lhe assim os seus ouvidos, que é o caminho do seu coração, e um belo dia admiram-se de ter encontrado no amigo complacente um senhor imperioso!", explica.

Discordo. Vejo no perfil do tolo da versão machadiana uma mistura do fofo com o homem vacilão propriamente dito dos tempos de hoje. Na lábia e na estratégia do fofo a mulher ainda cai um pouco, tem seu encanto e às vezes um irresistível apelo de "homem sensível". Cai por momentos. O fofo acaba não suprindo nos quesitos para os quais se exige de fato um macho-jurubeba, se é que você me entende.

EIS A FÊMEA-
-NOSTRADAMUS
DE VOLTA

E da costela do homem frouxo nasceu a fêmea-Nostradamus. A desconfiada de véspera. Óbvio que ela é resultado de muitas promessas masculinas não cumpridas. Ela cansou de mascar o jiló do desprezo.

Algumas delas, porém, exageram no modo apocalíptico de ver uma história. Como R., personagem desta crônica baseada em um caso real:

Sei, está bom demais para ser verdade. Sei, fazia tempo que alguém não se devotava tanto. Sim, posso imaginar o que esteja pensando: "Esse cara vai me levar às alturas e me deixar sozinha no despenhadeiro."

"Não, não vou cair mais nessa, sei o tamanho de tombos do gênero", você prossegue nas suas reflexões, nervosa, nervosíssima — daqui a uma hora se encontrarão mais uma vez.

Ele a convidou para jantar. Quanto tempo alguém não a tratava com tanta distinção.

Você se sente valorizada, mas está com medo, pode ser apenas mais um truque do homem-buquê, o cara que arrota conhecimento de vinhos finos. Que que eu faço, Dios mío?, você está perturbada diante do Don Juan.

"Ele só quer sexo", você pensa, como se até o sexo fosse uma coisa ruim. "Vai ficar comigo e na manhã seguinte esse telefone emudecerá de vez. Nem SMS..."

Você projeta o futuro no pior cenário possível. Sim, não à toa, baseia-se no repertório deixado por outros homens.

Você consulta a amiga, a amiga mais cética, porque você está querendo ouvir algo desencorajador.

A amiga recomenda muito pé-atrás. A amiga já levou muitos tombos e, de alguma forma — isso é humano, demasiadamente humano —, sente certa ponta de inveja da sua história.

Falta meia hora para o novo encontro. Você confere o cabelo e acha péssimo. Você está desesperada como uma daquelas mulheres dos filmes de Pedro Almodóvar. "Por que esse cara vem logo para o meu lado?", você beira a paranoia delirante.

O carro dele para na frente da sua casa. Há tempos você não ouvia aquela buzina que parece tocar uma música romântica do Barry White. A buzina chama para a vida lá fora.

"Não pode ser verdade", você insiste na desconfiança enquanto pisa na calçada já na rua. "O que eu fiz por merecer?"

Entradas, drinques, o jantar está ótimo, a conversa incrível. "Só pode ser truque", você aciona de novo todos os botões do luminoso painel da desconfiança feminina. "Não fico com ele hoje de jeito nenhum. Nem me venha com essa conversinha mole."

"Com licença", vai ao banheiro. Não resiste e resolve consultar de novo a amiga, pelo celular. Está em pânico. A amiga recomenda mais pé-atrás ainda. Você acha o cabelo péssimo mais uma vez.

Você volta com aquela cara de cautela e dúvidas e é recebida com um sorriso de quem já sentia a sua falta.

"Demorei muito?", você pergunta. Sim, você demorou muito, só de telefonema foram dez minutos. Mas ele, todo afável: "Imagina, demorou quase nada."

Petit gateau, café e a conta.

No carro, você nota, como aprendeu com aquele livro *O corpo fala*, que o carinho dele é cada vez mais físico e o desejo é cada vez mais quente. Mas você se esquiva, afinal não pode ser vítima desse "truqueiro" que só "pensa naquilo".

E não era a primeira ou a segunda vez que vocês se encontravam. O flerte e a devoção dele já fizeram aniversário de mês.

Moral da história: desconfiada e projetando já um eventual abandono ou pé na bunda, você — apocalíptica como uma afilhada de Nostradamus — não pagou para ver, você não arriscou, você não se permitiu; deixou de viver, como se na vida pudéssemos ter a certeza prévia das coisas, mesmo em se tratando da obviedade do mundo dos homens.

P.S.: A culpa seguramente não foi do cabelo, que ele achou ótimo, mesmo sendo um autêntico representante da raça masculina, que prefere ver o todo, o conjunto da obra.

Caso com as vadias, ME DIVIRTO COM AS SANTAS

Caso bem direitinho com a vadia e chumbrego bem erradamente com a suposta santinha...

O mundo evoluiu muito nos seus modos de macho e nas modinhas de fêmea. Infelizmente, porém, ainda tem um magote de marmanjo que teima em seguir na vanguarda do atraso. Só tem!

Repare que ainda existe, amigo, homem que diferencia mulher para se divertir e mulher para casar.

Trata-se, com todo o perdão pela sinceridade, de um meio-homem. Faz tudo pela metade. Não casa direito nem se diverte. Sem falar que, nessa escolha, já inscreve a sua candidatura automática ao rol dos cornos.

Ora, amigo, a mulher completa tem, na mesma cabeça, um pacto com a santa e um pacto com a rapariga. É essa mistura que dá a graça.

Que me perdoem pela fúria esses meio-machos, mas não existe essa conversinha da fêmea apenas santa ou da fêmea totalmente vadia.

Que tal o contrário, amigo, eis o recurso do método: se divertir com a que julga para casamento e casar com a que vê como ficante? Já experimentei. Funciona.

É isso aí. Caso com a mulher para se divertir, me divirto com a mulher que é para casar.

Bobagem, meu caro. Onde enxergas a suposta virtude matrimonial, pode ter o maior rock'n'roll.

Que garantia queres, rapaz? É o medo atávico e ancestral do chifre?

Nessa hipótese do medinho de macho, não seria melhor casar com uma "vadia" (e tomem aspas para o termo, colegas!), que já se divertiu muito na vida e teve muitos homens na cama?

Acompanhe meu raciocínio machista, amigo: essa mulher, teoricamente, teria menos curiosidade sobre outros vagabundos. Não acha? Muito melhor do que uma santa do pau oco.

Persistes no medo? Sei, temes que ela cante no teu ouvido aquela do Chico, "Olhos nos olhos": "quantos homens me amaram bem mais e melhor?"

Ah, corta essa, meu velho, toda mulher é santa e puta. São as suas duas capacidades mais bonitas. Nem a ciência sabe onde começa uma e termina a outra. Misteriosamente elas mudam a voltagem, quando menos imaginamos.

Para tanto, porém, tem que ter merecimento. Não podes ser meio-homem e ficar cheio de "ah, eu tô confuso", digo, "eu tô *cafuso*", como satirizava o humorista Didi Mocó das antigas.

A lenda do relacionamento ABERTO

O leitor indaga este destemido consultor sentimental à queima-roupa, em um encontro na estação Consolação:

"O relacionamento aberto pode dar certo?", tasca, com cara de quem está sendo passado para o último vagão dos homens no descarrilado e derradeiro metrô do amor e da sorte.

"Ela propôs. Disse que é assim ou nada", insiste o amigo.

Tive dó daquela criatura.

Pensei em jogar uma teoria. Lembrar o poliamor, defendido naqueles livraços sacanas do Roberto Freire. Pensei também em aconselhar a leitura de *A cama na varanda*, clássico contemporâneo da brava Regina Navarro Lins, minha colega na bancada do programa *Amor & Sexo*.

Pensei na delícia que pode ser tentar sair por aí, à franciscana, sempre na base do "é dando que se recebe".

Fiquei tentado também a presenteá-lo com o bilhete único da obviedade rodriguiana:

Meio-amor não é amor, cai fora, se liga. Se fechado não funciona, imagina na base do "liberou geral". Amor não é essa festa toda. Amor é disciplina.

O sujeito de meia-idade, vestes invernosas puídas em plena primavera, exalava a naftalina de outras dores acumuladas no guarda-roupa:

"Me ajuda", pede, em um abraço de cortar o coração, o fígado, a moela e todos os miúdos da humanidade.

Era uma dessas criaturas infelizes no amor. Ponto.

Tento reanimá-lo com aqueles clichês da esperança a qualquer custo que aprendi nos filmes de Frank Capra. Levei o desalmado para uma bisteca crepuscular no Sujinho, estabelecimento que sempre funcionou como a minha clínica sangrenta de psicanálise selvagem.

Na primeira cerveja ele chora por ela. Para tentar desconstruir minimamente o mito do amor romântico, pergunto: "Gostosa?"

"A única que me levou ao nirvana!", declara Roberto, na casa dos cinquenta, babando na bisteca, inconformado. "Amor aberto, amor aberto, amor aberto", balbucia, obsessivo. "Amor aberto, amor aberto, amor aberto..."

Realmente o amor aberto é uma beleza. Para o(a) dono(a) da iniciativa, da chave e do cadeado. Para quem decide abrir a cancela dos sentimentos, para quem grita primeiro pelo menino da porteira.

O pior da proposta de amor aberto, sou obrigado a alertar o Roberto, é que pode ser um baita truque. Coisa de quem está apenas te largando para viver um aferrolhado e fidelíssimo amor com outro(a).

Muitas vezes a tese do amor aberto não passa de uma desculpa menos dolorosa (menos?) para dizer que está indo embora. "Preciso ter o meu espaço" etc. Aquela coisa meio Doutor Smith perdido nas galáxias dos sentimentos.

Toda vez que escuto a expressão amor aberto, me fecho para balanço.

Com a ajuda dos generosos garçons, coloco Roberto num táxi rumo à Praça da Árvore.

Ele babava: "Amor aberto, amor aberto, amor aberto..."

A solidão da mulher que se ENFEITA PARA SONHAR

Só o reflexo azulado da tevê de companhia. Peraí, agora vejo também uma redinha de proteção contra queda de animais, um pequeno cão, talvez um gato — ainda não consegui vê-los nesta minha chegada a Copacabana.

Lembro, de cara, o verso do Drummond, ilustre morador do bairro: "Nesta cidade do Rio, /de dois milhões de habitantes,/ estou sozinho no quarto, /estou sozinho na América."

Agora vejo seu rosto. Ela se ajeita no espelho, talvez para dormir, quem sabe já tomou algum necessário tarja preta. Vaidosa, ela capricha no penteado.

Havia certa viuvez no primeiro momento que a avistei na janela. Luto algum, porém, encobria aquela dama, repensei. Uma resignada, refleti, apelando ao mais cristão dos verbos.

Dias antes, recordo, havia visto a mesma mulher tomando uma Leão Veloso, a sopa dos sete mares, uma das maiores invenções da humanidade, no bar e restaurante Príncipe de Mônaco.

Nada mais solitário do que uma sopa na esquina de casa. Uma taça de vinho verde e duas ou três palavras com os garçons, no conforto de antiga frequentadora do estabelecimento.

Larguei o jogo na televisão para vê-la. Uma dama linda, uma sessentona conservada, que me perdoem a expressão tão antiga. Talvez nem isso. Dei-lhe uns cinquenta e pouco, apesar dos desmentidos garçons cearenses, esses pestes tiradores de onda de toda a humanidade.

É a mesma que miro agora no prédio do outro lado da rua. Um charme de Catherine Deneuve a cada gesto, classuda, a solidão mais elegante da América.

Prepara-se para dormir. Ela sabe que os sonhos são restos de filmes não aproveitados pelos cineastas mortos. Ela sonha Buñuel, quem sabe.

Se teve bons ou maus maridos, pouco importa.

Ela sabe, nada nostálgica com o Rio antigo, que a vida é tango, jamais bossa nova.

A bela solidão da mulher que se enfeita para os sonhos.

Há uma impressionante dignidade a cada movimento dela no apartamento de uns duzentos metros quadrados. Às 0h11, ela ri irônica para o espelho, volta, fecha a cortina, talvez durma mais tranquila do que todas as mulheres mal acompanhadas da América.

O mais lindo chamado DE UMA MULHER

Perdão por ser tão direto, logo eu que curto uns rodeios no verbo, mas a hora mais comovente de um homem é quando a moça, enredada nas preliminares e nos dengos orais, nos puxa e ordena: "Me come!"

Hora sagrada, pedido que justifica estar no mundo, um para-tudo na vida besta, um sentido para a dramaturgia terrena, uma viagem sideral com Barbarella, uma pausa que move o planeta, rotação e translação, formigas nas nervuras das folhas da relva.

"Me come!", ela diz, ela prescreve o gozo, o ossinho, digo, o ilíaco perfura-nuvens dos arranha-céus na janela; você é feito homem de novo na hora, Adão *reloaded*, costela bíblica no bafo.

O milagre, o projeto levanta-te, Lázaro; você, que se julgava morto depois de uma antologia de ressacas e invertidas do varejão Ceasa da existência.

O "me come" é o *fiat lux*, o Gênesis — tanto o bíblico quanto o do Crumb. O "me come" é o chamado capaz de ressuscitar um zumbi, um morto-vivo, um fantasma de homem.

O "me come" é sinfonia, é Frank Zappa com gritos & sussurros, é música ao longe, é onomatopeia do pré-gozo de Serge Gainsbourg e Jane Birkin...

"Me come" que sou tua, mesmo que por um momento, e vamos fazer dessa noite a noite mais linda do mundo, como recomenda o Odair, o gênio do cancioneiro romântico.

É o decifra-me ou te devoro, é o mantra mais sagrado até para um inapetente faquir de mulheres, é o incêndio da hora, todos *los fuegos*, o fogo, como no livro do homenzarrão Cortázar que tanto excita a falsa-magra do Catete.

Perdão por ir tão ao ponto, caro leitor mais correto, mas o "me come", seja homem, é o chamado da selva, a psicanálise selvagem depois de línguas e dedos, o grande cartaz da passeata, a redenção; você sai às ruas feliz com o cheiro dela na barba, você sai chutando as tampinhas da realidade para dentro dos bueiros, você mira com cara de safado a morena-Jolie de Botafogo, você desce na estação Cantagalo — ai de mim, Copacabana! — ainda com aquele "me come" a encobrir o barulho das britadeiras da cidade maquiada da beleza e do caos.

QUANDO A MULHER DIZ *"estou estranha"*

E quando uma mulher diz, resumidamente, "estou meio estranha"?
Melhor seria se dissesse logo "sou estranha".
Ela disse tão somente "estou". E daí?
Você deixa a estranheza dormir, decantar, assentar a poeira? Você deixa a estranheza dormir com a maquiagem metafísica para acordar borrada de incertezas por todos os poros?

Ou você, no desassossego, quer saber logo o que se passa, o rumo das coisas?

Há quem simplesmente se apavore, meu chapa, ponha uma música mais estranha ainda — Nick Cave ou Patti Smith? — e saia para enfrentar zumbis e fantasmas pelas calçadas escuras dos becos da mente.

O que quer dizer "estou estranha" ou "meio estranha"? Dicionário Freud *on the table, please*.

Tudo ia correndo bem, até melhor do que você imaginava, e, pasme!, acende o sinal amarelo. "Estou estranha".

Você ainda estava com o melhor dos cheiros dela em sua barba, com os dedos impregnados...

Você não iria sequer lavar o rosto para levá-la consigo durante todo o dia na *flânerie* ou na labuta.

Nada melhor do que explorar a cartografia da cidade cheirando os próprios dedos que o levam, pelo felino faro, até ela de novo.

"Estou estranha." Tecla pause.

Pode ser apenas um semáforo amarelo, óbvio, não atravesse o sinal. Ainda não é hora.

Pode ser a incomunicabilidade de uma manhã cinzenta, a angústia fresca do varejão Ceasa da existência; pode ser apenas um "*bonjourtristesse*", como no livro, na música e no filme homônimos; pode ser apenas um "bom dia, TPM".

Pode ser também o legítimo medo diante da possibilidade amorosa. Vai que dá certo... Dar certo também pode não ser lá grandes coisas. O calo de um baile do passado ainda dói no calcanhar da moça.

Como é rico esse momento da estranheza. Parece a onda de manifestações naquele momento em que o mundo se bole sem causas específicas.

É o decifra-me ou te devoro da esfinge entre as quatro paredes.

Triste de quem, diante dos mistérios dessa hora, sai cuspindo preguiçosamente o mantra de mosca de boteco: "Coisa de mulher, ô bicho estranho."

Se fosse fácil não seria tão extraordinário, amigo.

A graça da moça é o indecifrável que nos põe de plantão permanente.

Pode ser tudo. Pode ser culpa de um inconsciente forrado com as folhas avulsas dos livros de Clarice.

Pode ser também quase o fim. Tudo pode acontecer.

Relaxa, amigo. Digo, relaxa nada, tente entender a cria da sua costela. Nada mais instigante para um homem do que esse exercício, esse jogo de adivinhações, esse jogo de amarelinha em que não há céu, apenas estranhos no paraíso.

PELO DIREITO DE GOZAR AOS BERROS

É, meu velho Manara, os balõezinhos *calientes* das suas inspiradoras HQs aqui seriam silenciados. Repare como a coisa anda.

Que mundo é este em que não se pode nem emitir saudáveis onomatopeias no momento mágico do orgasmo?!

Que mundo é este?, indagam as minhas sobrancelhas fatigadas.

Existe amor em São Paulo, mas é quase proibido alardear esse sentimento sagrado na hora do gozo.

Em muitos prédios da cidade, só mesmo gozando com um esparadrapo na boca.

Psiu!

E não estamos falando de um escândalo ao estilo Linda Lovelace ao ouvir o bimbalhar dos sinos no filme *Garganta profunda*. Muito menos da gemedeira gostosa de Jane Birkin & Serge Gainsbourg na música "Je t'aime moi non plus". *La petite mort*, como dizem os franceses.

Reflito sobre a grave causa depois de uma cartinha de uma fogosa leitora, com a qual me solidarizei de imediato.

Pelo "direito de gozar", como a Lola define no seu manifesto. "Moro em um apartamento que, como a maioria dos apartamentos de hoje, vaza som", conta. "Moro com meu namorado há seis meses e, óbvio, transamos com frequência."

Sacanagem, seu síndico!

Não há som mais bonito do que o de uma mulher no clímax.

Voltemos ao relato da leitora: "Não faço escândalos, não grito durante toda a transa, mas gosto de gozar gemendo alto, gritando, que seja. A questão é que isso acontece por apenas dez, vinte segundos. Não é, de fato, um incômodo terrível para o ouvinte."

De forma alguma, amiga. É o melhor som ao redor do universo.

Agora a sacanagem das sacanagens: os vizinhos registraram a queixa contra a destemida leitora no livro do condomínio.

Um vizinho solteirão chegou ao cúmulo de dizer a ela que os gemidos teriam como objetivo chamar a atenção dele. Pode?

Mil anos de análise para um sujeito desses, meu caro Sigmund.

Não se pode nem mais gozar em paz, minha gente. Isso é que é patrulha!

Não se reprima, caro vizinho. Aproveite a inspiração e faça bom uso. Nem que seja consigo mesmo.

Pelo direito dos gritos & sussurros em prédios, edifícios, casas, puxadinhos. Não somente de São Paulo, esta Carençolândia de pedra, mas em todo o país.

Goza, Lola. Goza!

Abraçando Mônica na SOLIDÃO DE SÃO PAULO

Tem uma imagem clássica na crônica e na dramaturgia de Nelson Rodrigues: chupar o frio Chicabon da solidão. Se for em uma noite gelada em São Paulo, você de volta para casa depois de uma expedição inconsequente nas padarias da Carençolândia, pior ainda. Se for em uma madruga de sábado para domingo, a bagaceira metafísica lasca tudo. Repito: é o domingo que pega.

Só lhe resta abraçar uma dessas geladas Mônicas expostas por Maurício de Sousa (e outros quarenta e nove artistas) sob o céu que se endominga e nos desdenha na hora dos sabiás. As aves gorjeiam em busca do acasalamento; você estrebucha as dores do mundo.

Só resta a Monicaveira do artista Danilo Beyruth no seu caminho.

Abraçar a Mônica é o novo Chicabon da solidão. Estava tão solitário que abraçou a Mônica. No desespero, depois de uma ronda digna da canção de Paulo Vanzolini, a dama chorou lágrimas de esguicho abraçado à Mônica customizada em fibra de vidro.

A via-crúcis da "Mônica Parade" está aí, no seu caminho torturante. Fique à vontade, amigo. Assim você economiza o ombro do garçom predileto e outros confessionários de rotina.

A mesma arte feita talvez para alegrar os meninos e as meninas pode ser abrigo de uma dor envelhecida em barris de desprezo. Complexo, meu amor. Complexo. De vida simples temos apenas aquela boa publicação sob o sol das bancas de revistas.

Despertei para o tema ao ler um comentário do músico Daniel Peixoto, o belo homem do Crato que mostrou ao mundo como se faz o electro-punk e outras travessuras. "Mônica tá que nem eu: sozinha e pálida na noite fria de São Paulo", definiu, no chiste e no sarcasmo, o autor da clássica faixa musical "Eu só paro se cair".

Só resta abraçar a Mônica da Paulista. É digno e capaz de arrancar aquele humor que vem quando passamos do ponto e nos expomos ao ridículo das nossas dores mais caricatas. Essa, porém, não é a proposta. Melhor é abraçar a Mônica como se lê um poema: sem buscar utilidade alguma. Só você, Mônica e o desentendimento do mundo.

SEM PITI NÃO HÁ AMOR, MEU GURI

Para Camila Lopes

"Você não aguenta meu primeiro piti-mulherzinha, já corre daqui", disse ela. "Que homem é esse, meu Deus?", completou.

Cronista bisbilhoteiro, acompanhava a D.R. no bar e bodega Cameroon, de Mossoró (RN), onde estive para a X Feira do Livro. Aliás, nem chegou a ser uma discussão de relação. O cara já fugiu, deu linha na pipa da covardia.

(E olhe que é difícil sair do Cameroon, um daqueles bares em que você encontra bons malucos falando de literatura russa como quem trata do Fla x Flu de domingo, coisas que acontecem sobretudo no Nordeste brasileiro).

Piti. Além de achar essa palavra "piti" um luxo da linguagem, continuei a ouvir a moça – uma dessas morenas sem igual que a gente só encontra na Chapada do Apodi e arredores.

Agora ela desabafa com duas amigas, depois de uns bons goles no azuladíssimo copo de tiquira:

"Quando corre do primeiro piti vejo logo que não tem futuro", diz. "Imagina numa crise mesmo, coisa mais do que comum na vida dos casais. Imagina na hora do parto."

Realmente ninguém aguenta o mínimo queixume ou discussão. Vaza. Preguiça geral para o exercício primário da convivência.

"Ah, você é louca", normalmente manda o macho, sem argumento e de bode para o namoro, caso, cacho etc. Pega a reta e põe a perder qualquer possibilidade de laços de ternura.

E assim, de raso em raso, até conhecerá o sexo, mas nunca o grande erotismo que se chama intimidade.

(Garçom, mais tiquira, por favor, a pioneiríssima aguardente indígena).

Se não aguenta "os distúrbios secundários da histeria", como a definição do *Aurélio* para o pitianismo, imagina a humaníssima histeria de fato e de direito.

Ah, sim, o piti não é exclusividade feminina. O colérico macho enciumado, *vade retro* Satanás das Costas Ocas, é uma praga.

A crônica, porém, começa e termina com o piti-mulherzinha, como diz nossa amiga que motivou aqui a nossa prosa.

Antes um bom piti do que apenas o mi-mi-mi da rapaziada cada vez mais ao estilo Macunaemo – tem a preguiça do Macunaíma e o chororô de um jovem roqueiro emo, como trato no princípio deste livro.

Não há amor com 100% de bons modos e obediência cega aos manuais de etiqueta.

Sem piti não há amor, meu guri.

3.

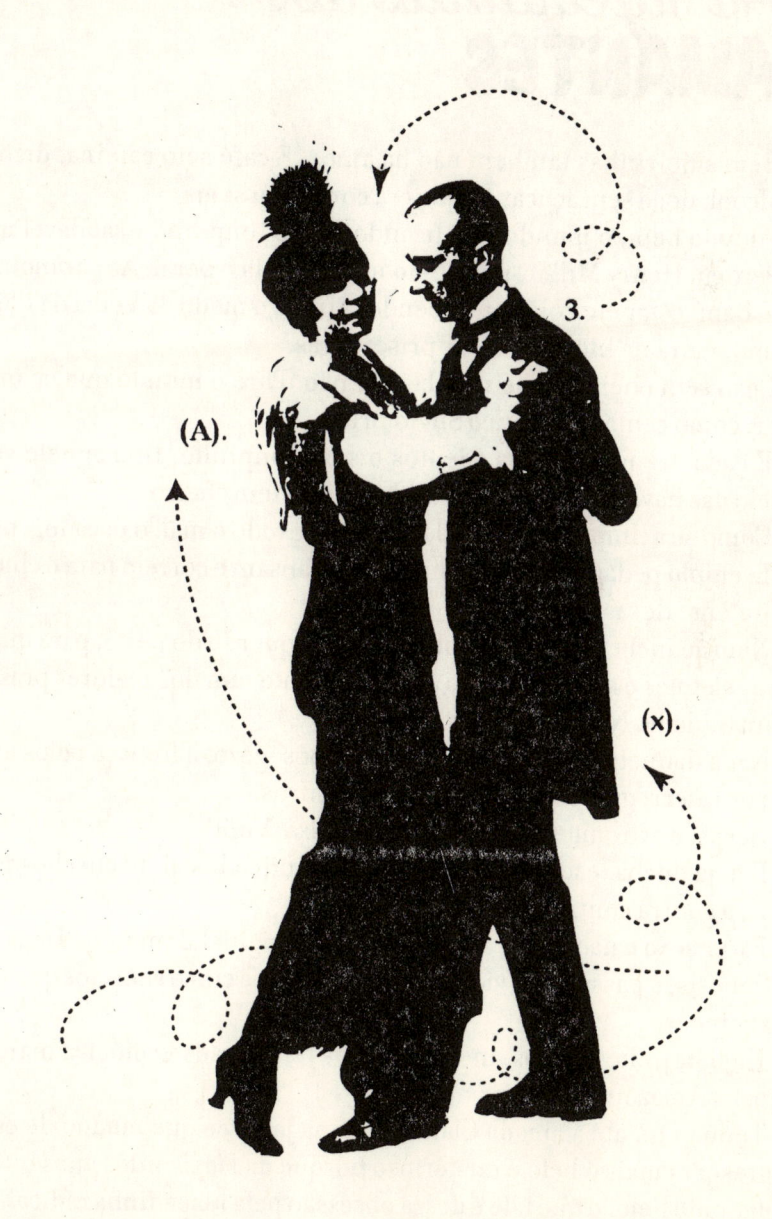

(A).

(x).

As sujeirinhas dos AMANTES

Sem sujeirinhas também não há amor. É café sem cafeína, drinque sem álcool, doce sem açúcar. O que era com ficou sem.

Aí tudo bem, o mundo está ficando muito limpinho e saudável mesmo. Perdeu, Henry Miller, meu ídolo no além. Mas, peraí. As paranoias de saúde, bem-estar etc., ok, compreendo. Afinal, o medo da Velha da Foice é legítimo, mora na filosofia desde priscas eras.

Sexo sem cheiro é que não dá. Ah, não. Pare o mundo que eu quero descer, como canta o profético Silvio Brito.

E cada vez mais ganha adeptos o sexo limpinho, tipo aquele velho anúncio das havaianas: não solta as tiras e não tem cheiro.

Como se a limpeza extremada livrasse de todo o mal, o pecado, amém.

Exemplo pedagógico: os malucos que transam e correm para o chuveiro. Homens-flexas da assepsia.

Nem aconchegam a nega sobre o lado esquerdo do peito, para que ela sinta as sístoles e as diástoles do acontecimento, um dos maiores prazeres da humanidade. Nem, meu bem.

Nada daquele king size com filtro do pós-gozo, a fumaça pelos ares a traçar as interrogações dos próximos encontros.

Necas, o avexamento asséptico não deixa. Vupt!

E haja ducha, escova de dentes, antisséptico bucal, bochechos paranoicos, a guerra contra os germes.

Fazer sexo e não sentir aquele cheiro, o original Bom Ar de Deus desde o Gênesis, é passar pela vida e não fazer jus aos cinco sentidos que trouxe do berço.

Haja nojinhos. Pelos, melhor não os ter. A nada ecológica mania de decepar a Amazônia legal das moças.

Tudo bem, até a amada Claudia Ohana já disse que mudou de estilo, não preserva mais o belo e misterioso bosque da *Playboy* dos anos oitenta. Depilar tudo bem, o que falo é dessa obsessão pela raspadinha radical. Baita infantilização do sexo, meu caro Sigmund?

Cuidado higiênico, ótimo, é o mínimo. O que não dá é esse sexo extremamente asséptico ao ponto de eliminar todos os cheiros, todas as melações e todas as sujeirinhas naturalíssimas da arte milenar de fazer amor.

Correr para tomar banho e fugir das sujeiras do amor, faz favor, é pior que fazer aquela foto selfie pós-sexo.

Viver sua, viver fede, viver suja, amém.

QUANDO ELA AMA UM CAFAJESTE

"Todos os cafajestes que conheci na minha vida eram uns anjos de pessoa."
Leila Diniz

Escaldada, Noêmia, 36, separada havia três anos, tentava fugir do amor de qualquer jeito. "Sem acordo, benzinho", ela dizia aos pretendentes.

Objetiva, queria apenas sexo e diversão. Faíscas de ironia nos olhos, era capaz de apagar as velas daquele jantar no bistrô-caô, para desilusão dos moços que tentavam romantizar a noite.

"Fique tranquilo, meu rapaz: te levo para a cama, não faça drama. Mas, por favor, sem esses truques. Sou uma mulher que já viveu tudo e não vai cair de novo no traiçoeiro alçapão dos periquitos grudentos", ela mandava na lata, sem piedade.

Era tão objetiva que só marcava encontros pontuais. Fazia bom uso da internet para o seu bel-prazer. "Por que preliminares se podemos ir direto aos finalmentes? O meio é a mensagem", tirava onda a maluca. Chegava a ser cruel com esses moços, pobres moços.

Como não existe uma só criatura à prova do feitiço amoroso, Noêmia caiu no conto, como ela define. De novo. Conheceu um cara na festa de casamento da irmã mais nova, Gláucia, 29, moça de ideais mais antigos, digamos assim, graciosa habitante de Niterói, Rio de Janeiro.

Niterói, como até o último misógino do Ocidente sabe, é a cidade com as mulheres mais bonitas do universo. Já fizeram pesquisas e tudo. Comprovado. É científico.

Mas isso não vem ao caso agora.

O certo é que, no casamento da caçula, Noêmia foi fisgada por um cafajeste, como ela me conta agora na sua carta: "E você, caro cronista, ainda fica dizendo que os cafajestes legítimos estão em extinção. Qual o que, balela!"

Irremediavelmente apaixonada, ela pede ajuda, um SOS para a barca que a conduz aos braços do homem que a tortura. Jamais imaginara tal situação, por mais que o amor seja primo-irmão do susto e da surpresa.

No último domingo, possuída e dominada pelo carinho público do sujeito, em uma galeteria do bairro da Glória, "onde mora o desgraçado", inventou uma desculpa, a morte de um parente, e foi embora.

"Não resisto aos bons modos desse fdp", ela relata. "As feministas estão certas: o cavalheirismo é uma forma de dominação, sim, estou com as radicais."

O cara é do tipo que puxa cadeira, abre portas, reserva o lado de dentro da calçada para a mulher, faz questão de pagar a conta e só não vai deixá-la em casa porque prefere que ela durma com ele. Na feira da Glória, aos domingos, água de coco para curar a ressaca. E flores. Sabe escolher flores como zangão faminto em busca de pólen.

Inconsolável, ela teima:

"Ele tem tudo do cafajeste clássico, o cafajeste de cinema", relata Noêmia, entre a raiva e o suspiro. "Que mundo é este, meu Deus, em que o contrário do homem frouxo vem a ser um obsoleto cafa à moda antiga?"

Ela tem certeza. Ele deve fazer essa corte com várias. Noêmia viaja em perdidos pensamentos na barca rumo a Niterói. Esse homem não existe; apareceu como encomenda para me deixar confusa. Ela imagina.

Noêmia grita o SOS. Outro dia, ao telefone, ele falava baixinho, como se não quisesse acordar outra amante, Noêmia delira. Embarco nas viagens de Noêmia.

"Antes o meu Tinder – aplicativo para encontros sexuais – sem riscos", ela maldiz a noite que o conheceu na fila do jantar do casamento. No justo momento em que ele cobria com batata palha o strogonoff.

Apocalíptica de véspera, Noêmia está crente que vai quebrar a cara. FRAUDE AMOROSA NA GLÓRIA, ela antecipa a manchete das notícias populares do coração.

Ele tem a pausa dramática dos melhores cafajestes. "Pior: ele me ouve", prossegue. "Ele sabe acariciar a veia que salta no meu pescoço, meu fraco, ele não me toca pela metade, ele sabe me beijar como em uma lição de anatomia completa."

O pior ainda, para a orgulhosa Noêmia, é que ela deixou escapar um escandaloso "eu te amo" na última noite que estiveram juntos. "Que amadorismo", lamenta. "Logo eu... Sorte é que ele bebe, tomara que não tenha ouvido."

Amor, comida e CONQUISTA

"Te escrevo com uma dúvida que me veio à cabeça: existe algum prato, receita, que seja infalível para conquistar? Com açúcar e com afeto, como cantou o Chico. Ou com manteiga, na malemolência do Marlon Brando."

A ilustrada leitora se refere, óbvio, ao filme *O último tango em Paris*, com a cena clássica em que o velho Brando besunta a jovem Maria Schneider para o sexo anal.

"Sabe, essas coisas gastronômicas/amorosas que afligem o ser humano na hora de ir para a cozinha preparar algo para alguém nessas ocasiões?"

Ô se sei. Aqui em casa se chama entrega em domicílio ou *delivery*, digamos assim. Mas compreendo deveras a questão, querida leitora L.

"Digo isso porque eu e meus amigos caímos em um debate recente sobre qual a melhor receita para — em termos contemporâneos — pegar alguém. Eles acham que um risoto de alho-poró seria uma opção equilibrada, com poucas chances de errar."

Pode até ser, estimada leitora, mas insisto: quando o cara ou a moça querem mesmo, não importa se é um miojo feito no micro-ondas ou a receita mais refinada que existe. O que importa é a intenção latente.

Nunca vi alguém deixar de pegar alguém, para usar o termo da sua carta, por ter errado no ponto da comida. Se houver o fumegante desejo no ar, já era: pode ser uma dobradinha ou a mais refinada e picareta iguaria preparada pelo homem do raio gourmetizador.

Óbvio que, na pegada metrossexual e/ou moderninha, o alho-poró é mesmo um grande fetiche. Prefiro o alho de verdade, muito mais forte e excitante, mas não seria por causa do inocente vegetal *Allium porrum* que deixaríamos de satisfazer à dama.

Prefiro algo mais forte, como um cabrito ou cordeiro. Cada um, cada dois, e vamos simbora.

Reconheço, no entanto, que ostras e frutos do mar são sempre grandes pedidas. Um homem de boa vontade aprecia e sabe que na ostra, desde *Casanova*, está o grande segredo de uma bela noite.

A gastronomia, porém, estimada leitora, tem sido o truque máximo utilizado pelos ditos "homens sensíveis" para abater suas presas.

Não confunda, todavia, a afetação do homem-hortinha, aquele que se orgulha de usar temperos cultivados no próprio quintal, com delicadeza ou futuro na relação. Pode ser apenas mais um truque moderno. Corra, Lola. Corra.

Essa solenidade toda em torno da comida, com direito a altar no "espaço gourmet", sei não. Prefiro nem esticar os meus comentários.

Aliás, quando você toca no assunto miojo, me ocorreu um lampejo mais do que óbvio e ululante: taí o grande prato. O tempo de preparo é equivalente à duração dos novos relacionamentos.

A dor amorosa está mais para O INTESTINO DO QUE PARA O CORAÇÃO

Bom dia, tristeza. Bom dia, ressaca. Segunda-feira é dia para fazer receitas para mulheres tristes, como no título do livraço do meu *compay* colombiano Héctor Abad.

Há quem diga que a dor de amor está diretamente ligada ao aparelho digestivo. Não às simbologias do coração. Muito menos às ondas do cérebro e ao controle da serotonina.

É o caso de um personagem de um dos melhores livros da literatura latino-americana: *Tia Julia e o escrevinhador*, de Mario Vargas Llosa.

Repare na tese do rapaz:

"Para dores de amor, nada melhor do que leite de magnésia [...]. Na maior parte das vezes, os chamados males de amor, etecetera, são distúrbios digestivos, feijões duros que não digerem, peixe estragado, entupimento. Um bom purgante fulmina a loucura do amor."

A gente sabe que o enfezamento é um dos grandes males da humanidade. Também é de conhecimento público que a mulher, mais que o homem, padece da prisão de ventre.

De acordo com a ficção de Vargas Llosa, aquilo que você, rapariga em flor ou linda afilhada de Balzac, imagina como recaída amorosa, pode ser apenas a falta de digestivas ameixas.

Para Héctor Abad, a salvação está nas receitas culinárias e em certa feitiçaria dos selvagens da América do Sul.

Eu não dei muita bola para o livro dele até que um tempo atrás, quando o jornalista Paulo Carvalho (*Diário de Pernambuco*), em um bate-papo comigo no Festival de Inverno de Garanhuns (FIG), tratou de uma semelhança entre os textos deste faminto cronista e as receitas do colombiano.

Precisei ser mordido pela humaníssima mosca azul da vaidade para ler com atenção o receituário. Recomendo.

Quando o tédio se instala de vez entre os casais e só o silêncio faz um eco infernal, Abade recomenda que se vá à caça de boas perdizes. Mordidas no preço à parte, pode ser também em um restaurante de São Paulo.

Ele disse que te ama e você não tem certeza se é verdade? Há uma fictícia sopa que mudará de cor caso o canalha esteja mentindo.

As receitas são simples. Pura literatura disfarçada de linguagem de almanaque, coisa que os escritores brasileiros, em nome de fracassadas obras-primas, estão esquecendo.

Para a mulher curar parceiros impotentes, o livro recomenda a paciência de trinta e uma noites. O cara será o maior amante da história. Terá a amiga tanta paciência?

O melhor é o remédio contra a culpa. Carne de dinossauro. Eles foram extintos há sessenta e cinco milhões de anos.

NÃO FAÇA PAPEL DE LOUCA

"'Tás louca.' O pseudoargumento de nove entre dez homens quando as mulheres têm razão."
(Karina Jucá, de Belém do Pará, no Facebook)

Quando acaba a decência e a razão machista encurta, só nos resta, acuados, chamar a mulher de louca. Quantas vez não me peguei nesse jogo sujo?! Assumo.

Quando o menino desatina, a louca é sempre a menina.

Quando estamos à beira do hospício, amarrados com as cordas do agave do velho Erasmo de Rotterdam, rumo ao Pinel, rumo ao Santa Tereza do Crato, rumo a Itapira ou Barbacena, só nos resta berrar: só pode estar louca, essa peste!

Quando somos pegos com a boca na botija e nada justifica o vacilo, só nos resta um indignado, indignadíssimo: "Você está louca?"

Quando ela realmente está louca de amor e não correspondemos, só nos resta dizer "Você confundiu as coisas, você está louca".

Quando ela dança com outro e diz que é sem compromisso, até o Chico alerta: "Não faça papel de louca/Pra não haver bate-boca dentro do salão…"

Quando ela realmente fica pirada de tanto ser chamada de maluca, só nos resta, porcos chauvinistas, nos dizermos donos da razão histórica: "Bem que eu falei que você é louca de pedra. Bem que eu falei…"

Quando ela enche o saco e vai embora, só nos resta chorar as pitangas, ouvindo um Waldick Soriano ou um Leonard Cohen na radiola. No que o garçom tenta nos confortar, com drinques caubói e a conclusão de sempre: "Mulher é tudo louca, amigo. Não tem explicação, relaxa."

Quando…

Quando ela enche, vai com outro e nos enfeita a fronte do artista, quem dera tivéssemos feito ela cantar mais vezes "me deixas louca" – em vez de reclamar da sua bela falta de juízo.

Sob o signo da MULHER DE LEÃO

Agosto venta nas nossas fuças e, por mais agourento que seja, jamais apagará uma vela de um bolo de uma leonina.

Hoje mesmo, aqui na Vila de Cimbres, Pesqueira, Pernambuco, fui abordado por uma amiga de tal signo que vive um inferno astral daqueles que nos sugerem a mística ventania shakespeariana, o vento forte capaz de desmanchar o cabelo do capeta.

Leonina, teu nome é tempestade.

Já tive três mulheres de leão, digo, três mulheres de leão me tiveram, dominaram, fizeram gostoso e bonito.

Não estou falando dessa coisinha cujo status de hoje seria "estamos em um relacionamento do tipo fala sério".

Falo de amor, independentemente da temporada no inferno.

Uma de casar, morar junto; duas do tipo "quero me embolar nos teus cabelos, te abraçar o corpo inteiro, morrer de amor, de amor me perder".

Não entendo nada de horóscopo, embora aprecie a narrativa astrológica desde Omar Cardoso no rádio. Os mais velhos lembrarão o mantra: "Todos os dias, sob todos os pontos de vista, vou cada vez melhor."

Precisasse de uma desculpa intelectual, recorreria aos escritores argentinos, que amam enfiar o zodíaco na parada, como Roberto Arlt no livro *Viagem terrível*.

Não é o caso. Um cronista vira-lata não carece de ilustríssimas desculpas. Nunca. *Never*. Necas.

Não entendo de astrologia, mas compreendo um pouco das leoninas.

Sim, o amigo cético aqui do Papillon, cearense garçom que já batizei de Ciço Cioran, me deu a real da guerra ao ouvir o meu papo em uma roda de saias, em Copacabana:

"Larga de ser lesado. Toda mulher, por natureza, já nasce leonina pra cima da gente! Bicho sabido. Pense!"

Faz todo o sentido. Assim como toda mulher é meio Leila Diniz — uma ariana —, toda mulher tem um quê de leonina.

Seria o signo do mando feminino, caríssima Bárbara Abramo? Lembro que falaste:

"No amor, o leonino se destaca pelo romantismo, pela dramaticidade e pela sensualidade. Esse é o signo do amor cortês e da conquista, que faz de tudo para ser o centro das atenções, mas também trata como uma pessoa especial o ser amado. Galante e possessivo, o que mais o atordoa são a rejeição, o descaso e a frieza."

Gosto muito de te ver, leoazinha. Com fome, então, imita a fera na selva: é incapaz de ouvir uma palavra, mesmo do nosso discurso amoroso. Parte para cima, sexy e carnívora, *chorizo y malbec*, rasgando ditongos crescentes nos dentes, nas presas, como a minha menina Camille estraçalhava a precoce existência qual uma leoa do Discovery Channel.

Nunca deixe uma leonina faminta. Ou a gente resolve esse problema, nem que seja com uma entrega em domicílio, um *delivery*, ou o mundo desaba. Falo em todos os sentidos.

Nunca deixe uma leonina faminta. Por mais que ela seja independente, como costuma sê-lo, mesmo assim a danada se manifesta qual início de filme da Metro. Te cuida.

Como elas estão todas aniversariando nestes e nos próximos dias, imagina uma leonina faminta em pleno inferno astral?! Desaconselho. Melhor enfrentar um tubarão do mar de Boa Viagem, Recife.

Nada como a agressividade leonina. Não tem esse papinho Orestes Barbosa de pisavas nos astros distraída. Ela é a estrela e o chão que brilha.

Nada como uma leonina amuada logo quando acorda.

O mundo inteiro como jaula da zoologia fantástica. Domar, quem há de?

Nada também mais lindo quando ela desperta doida para ir à feira, comprar flores, colocar disco novo, fazer festa em casa, reinventar os temperos do universo, acender velas sincretistas e fazer do homem dela o mais perfeito escravo do amor e do sexo, como a menina Antonia na alvorada do Jardim Botânico.

Quero é que você me aqueça nesse inferno astral, leonina, e que tudo o mais vire poeirinha cósmica.

OS SEGREDOS DO PRIMEIRO CASAL DO MUNDO

Vamos recapitular essa bagaça toda. Voltemos à primeira segunda-feira em que o primeiro homem percebeu a existência da futura amada, cria da sua bíblica costela:

"Esta nova criatura de cabelos longos está sempre no meu caminho e me seguindo para cima e para baixo. Não gosto disso, não estou acostumado a ter companhia. Preferiria que ficasse com os outros animais."

Um começo nada promissor para a humanidade, não é mesmo? Mas ponha-se no lugar do velho e bom Adão. Não deve ter sido nada fácil o começo da convivência. Se hoje ainda não é moleza, imagina ser surpreendido com uma nova criatura ao seu lado. Assim do nada, no meio daquele matagal todo.

"Hoje está mudando e o vento sopra do leste; acho que nós vamos ter chuva... *Nós?* De onde tirei essa palavra? Ah, me lembro agora, é a nova criatura que usa", prossegue Adão, o macho inicial, portanto o primeiro machista.

A minha fonte seguríssima são os *Diários de Adão e Eva*, de Mark Twain, a pena mais rápida e ferina do oeste, traduzido por Hanna Betina Götz e Sergio Romanelli.

Vivia procurando um livro mais engraçado que *Dicas úteis para uma vida fútil: um manual para a maldita raça humana*. Encontrei. Coincidência: é do mesmo gênio americano da sátira.

O homem do terno branco viveu entre 1835 e 1910. O cotidiano de Adão e Eva, porém, lembra, nesse incrível drama da convivência, qualquer casal moderno de hoje. A essência está lá.

"Domingo. Aguentei firme. Este dia está ficando cada vez mais difícil. Foi escolhido, em novembro passado, para ser o dia de descanso. Eu já tinha seis desses dias por semana. Esta manhã encontrei a nova criatura tentando apanhar maçãs da árvore proibida."

Assim seguem os fragmentos do diário do primeiro macho sobre a Terra. Mais adiante, é hora de Eva relatar a sua experiência sobre a convivência:

"Ele fala bem pouco. Talvez seja porque não é muito inteligente e, como é muito sensível em relação a isso, tenta disfarçar", escreve a fêmea.

Lá para as tantas, Eva tem a sua decepção inaugural:

"Quinta-feira. Minha primeira mágoa. Ontem ele me evitou e pareceu querer que eu não falasse mais com ele. Não pude acreditar."

Aí nascia a ideia do homem vacilão, personagem principal, na pele de tantos outros, do mais antigo ao mais moderno, deste livro que tens em zelosas mãos, madame.

Sim, nada que não seja igualzinho à vida de qualquer casal do ano da graça de 2015. A diferença é que, hoje, caro amigo Michel Laub, a maçã de Adão e Eva é mais envenenada.

Quando a dor de amor
VAI EMBORA

Para você, minha pequena, que acaba de se livrar de uma dor amorosa que a acompanhava pelas ruas como um vira-lata sadomasoquista.

Para você que acabou de deixar essa dor no cemitério dos amores esquecidos ou no crematório dos encostos e homens-roubada.

Para você, neste exato momento em que se livra da praga, o cirúrgico instante em que você diz "baby, você já era", como na versão da Clara Averbuck para "Out of Time", dos Rolling Stones, clássico dos concertos de Wander Wildner.

Pronto(a) para outro amor.

Está aí um momento lindamente difícil, primeiro plano, fechado, só você e a câmera do homem que filma tudo lá de cima, agora em 3D, para que todos acreditem e não vejam como truque ou chantagem...

Está aí o exato instante em que diz, aqui, câmera 1, a grua de Deus: acabou chorare, tá tudo lindo, chega de palhaçada!

O momento da iluminação, meu santo Jack Kerouac, o beijo no vento, o sorriso, o fim da maldição de todas as músicas tristes que pareciam sempre biográficas, como as de Leonard Cohen, do Chico ou do Waldick.

Já reparou, amigo(a), que, quando doentes de amor, toda e qualquer canção é a história cagada e cuspida das nossas vidas?!

Maldita FM da madruga! No Hellcife, a rádio Caetés dá o bis! Lascou duplamente e de vez.

Entramos no carro ou em um táxi de madrugada, velho e bom amigo Serginho Barbosa, e lá está a trilha sonora da existência.

Agora você simplesmente ergue as mãos para os céus e diz: estou livre, *carajo*!

Penei, sofri, vivi o luto amoroso, mas essa(e) peste não me merece. Você ergue as mãos para os céus e agradece.

Você foi grande, não esnobou com o(a) primeiro(a) que apareceu pela frente, respeitou o luto sob trilha de Morrissey, viveu noites de insônia e solenes estiagens no reino da Carençolândia.

Você quase toma barbitúricos, quase toma Racumin – como os suicidas antigos –, mas foi forte, enfim. Você foi intenso(a) e segurou a onda em todas as medidas e trenas do possível.

Óbvio que às vezes você se enganou; achava que estava livre e teve ruidosas recaídas. Todos nós dançamos esse tango sem manteiga; achamos que estamos libertos e lambemos, de novo, os pés da mulher-abismo ou do homem-roubada, afinal o amor é mesmo uma pedra de crack rumo à Estação da Luz.

Amor é eclipse.

Agora não, você se sente livre mesmo, até recita um verso de Walt Whitman: "De hoje em diante não digo mais boa sorte. Boa sorte sou eu!" E segue. Lindeza.

Pronto. Você se sente livre mesmo, se arruma bem linda, bota flor no cabelo; você, homem velho, luta boxe sozinho no banheiro, yeah!, pede um uísque duplo, coloca um Rolling Stones na radiola de ficha, sai bonito da sinuca, mata a bola preta de tabela; está preparado(a) para uma nova vida; caiu a pena como um passarinho, caiu o pelo como um(a) gato(a), mudou de sina e, com todo o respeito ao clichê mais vagabundo, a fila anda.

Você fez todas as rezas, orou para Jesus, foi ao terreiro e ao centro espírita, baixou os tarôs e tomou Karma Cola, pediu para a menina anônima que viu a virgem na mata e rendeu-se ao neo-orientalismo. Você fez de tudo um pouco, santa.

É, amigo(a), se o pé na bunda é em preto e branco como naqueles bons, mudos e tristes filmes do expressionismo alemão, a salvação é em 3D – mais que léguas submarinas –, é uma montanha-russa, um carrossel de parque de diversão, um Homem Aranha II, a roda-gigante ou uma simples caminhada pelas ruas com um sorriso enigmático e um bom ventinho na cara.

Adeus, roubada!

O que se diz para
ACABAR O AMOR

Revendo *Manhattan* (1979), de Woody Allen, pela milésima vez. O filme me faz lembrar das legendas de fim de caso ou de amor etc.

(*Manhattan* está para Nova York como *Febre do rato*, de Cláudio Assis, está para o Recife. Inclusive na poesia em preto & branco. Assim como *Roma* de *Fellini* está para ambos.)

Rebobina, meu amor. Rebobina. O que interessa aqui nesta crônica é o que é falado nos finais dos amores que se despedem. O que é dito no instante maldito do maldizer proscrito.

O personagem de Woody despacha a Mariel Hemingway, graça-mor da humanidade, com a desculpa do desencontro de gerações. Típica história do tiozinho e da Lolita.

Pé na bunda preventivo — essa história sempre acaba com o homem envelhecido em barris de bálsamo se lascando. E muito. Desde que Nabokov patenteou esse belo inferno.

Donde Woody, digo, seu personagem, troca a ninfeta por uma mulher mais velha com a qual pudesse discutir Nietzsche e cinema-cabeça.

Que bobeira! Como se houvesse mulher mais ou menos madura na vida, independentemente de idade. Mulher já nasce sabida.

Sim, era complicado ficar com uma mulher que ainda faz "dever de casa", como é falado no filme.

Logo mais, o personagem de Woody também é desprezado pela mulher madura, que volta para o ex, um homem igualmente feio, porém mais terno. Infinitamente mais terno.

"Descobri que eu o amo", diz ela para o neurótico cara de tacho. Clássico. Vem alguém e só dispara o gatilho amoroso pelo ex.

O neurótico corre para a Lolita. Ela está de partida para estudar teatro em Londres. Perdeu, maluco. Já elvis.

"Te quis tanto", ela diz. "Agora não dá mais."

Os dizeres e os maldizeres do *the end* amoroso. O mais doloroso que ouvi, priscas eras, foi: "Você não me emociona mais." E em uma noite fria do cão em São Paulo. Doeu na espinha. Chorei sob os pés da estátua do Borba Gato.

As palavras finais doem mais do que todo o crédito amoroso do final do filme. Reverberam meses no sótão do inconsciente, viram sonhos, buzinas de esquinas que nunca dobramos juntos.

Com ou sem palavrões, mesmo com os mais delicados vocábulos dos homens que desejam evitar choro ou barraco, a legenda final é sempre um eco sem fim no juízo. Mesmo com o cínico e escroto lema "você merece algo melhor" etc.

Até mesmo quando apenas o silêncio das refeições nos une milagrosamente, aquele "passa a salada", dito por ela, nunca mais será um simples pedido por coisas estranhas, verdes e clorofiladas.

"Passa o feijão e o sonho..."

O amor é um filme que começa com a legenda melhor do que é dito de verdade pelas bocas famintas. O amor é um filme que termina intraduzível pela falta de língua na boca para o menor dos beijos possíveis.

"Passa o gelo!"

(A).

(Z).

No balão com o Sr. Barnes
REFLITO SOBRE O FIM DO AMOR

Com a história de Pat e Julian Barnes, falemos um pouco sobre a finitude das coisas e de nós mesmos.

As dores de amores são parecidas entre si, a diferença é que a nossa é sempre mais dolorosa.

Perder dói no osso, como quem tem uma bala alojada e enfrenta a primeira noite de inverno.

Você interrompe uma longa conversa com alguém. Se conflituosa, não importa. Você quer contar algo que só teria graça se dito para ele(a).

"Você junta duas pessoas que nunca foram juntadas antes. Às vezes, é como aquela primeira tentativa de atar um balão de hidrogênio a um balão de fogo: você prefere cair e pegar fogo ou pegar fogo e cair?", confessa o viúvo Julian Barnes.

As dores de amores são parecidas entre si: todas levam ao luto. A viuvez, porém, é a mais inconsolável. Nem a mais autoindulgente das criaturas consegue guarida durante um longo tempo.

Você junta duas pessoas e às vezes funciona, algo novo é criado, o mundo se transforma. No que segue a voz do viúvo Barnes.

"Então, em algum momento, mais cedo ou mais tarde, por um motivo ou outro, uma delas é levada embora. E o que é levado embora é maior do que a soma do que havia. Isso pode não ser matematicamente possível, mas é emocionalmente possível."

Sr. Barnes, inglês nascido em 1946, um dos melhores escritores do mundo no momento, foi casado 30 anos com a sul-africana Pat Kavanagh, agente literária.

Pat foi levada embora. Entre o diagnóstico do câncer no cérebro e a morte, apenas 57 dias no calendário.

Na tormenta, ocorre uma filosofia de consolação ao Sr. Barnes: é o trabalho do Universo. Dane-se a força natural do universo, ele rebate.

O que importa é que ele não pode apontar algo de curioso na rua para que ela veja enquanto os dois voltam para casa numa noite qualquer.

Não, a escrita do livro tampouco expurga essa dor. Não se trata de buscar conforto inútil ou clichê picareta de autoajuda.

Barnes pensou várias vezes em suicídio. Mas como manter Pat viva dentro dele? Viver é a única fórmula de continuar, mesmo de maneira cruel, com Pat.

Ao leitor salta-páginas um alerta: você, sabendo do que se trata o livro – como foi dito em qualquer resenha –, pode achar meio lenga-lengas aquelas histórias sobre balonismo e fotografia. Está louco? Não caia nessa. Cada detalhe ali, cada imagem, cada frase de desprezo da Sara Bernhardt são fundamentais no fim do novelo.

O próprio Sr. Barnes decifra: toda história de amor é uma história de sofrimento em potencial. Então, por que nós constantemente desejamos amar? "Porque o amor é lugar onde verdade e magia se encontram. Verdade como na fotografia, magia como no balonismo."

Sempre alguém se espatifa no chão.

Altos voos e quedas livres (tradução de Léa Viveiros de Castro) tem apenas 127 páginas. Mas talvez não haja, no romance contemporâneo, livro mais potente. Para você, que andava meio preguiçoso(a) com a leitura, retomar o gosto.

Altos voos de linguagem e inevitáveis quedas livres amorosas.

Na vida só vale o pesinho
SOBRE O OUTRO

Na vida vale o pesinho, o pesinho de nada, apesar dos pesares, como neste mundo lindamente perdido, arenoso e areento – sempre aparece alguém para colocar areia no meio de uma boa história.

Inclusive o pesinho do pezinho.

Vale o leve sobrepeso. Nem que seja apenas aquele braço esquecido na intimidade da praia.

Melhor: vale o contrapesinho da existência. É o que equilibra o universo.

Aquele amor sobre seu ombro ou seu peito – sem foto selfie, por favor – apenas sentindo o cheiro do sexo nos ares.

O pesinho da hora do cigarro pós-coito, mesmo do imaginário e silencioso king size dos amantes. Porque todo homem, mesmo o mais ferrenho e radical dos não fumantes, traga esse momento como se fosse um francês de filme da Nouvelle Vague.

O peso do amor exasperado ou do amor que se reergue, lentamente, para outra fodinha nova. Ao natural ou com química a serviço da vida.

O pesinho do filho que adormece, no meio da feira de barulhos e diminutivos, sobre o colo ou o peito materno.

Como comentou a amiga Joana Gatis, dia desses, direto da praia do Janga, sobre o pesinho de Raul adormecendo.

Em uma conversa com o camarada Gilvan Barreto, o homem d'*O Livro do Sol*, ele, do nada, relatou o justo instante em que uma das suas crias arriava o pesinho sobre as suas forças paternas no bairro da Urca, Rio de Janeiro.

Apesar dos pesares, só o pesinho sobre o peito, da mulher amada, do menino ou da menina, vale uma vida.

Vale quanto pesa o amor à vera.

Sem essa de relativo ou de teoria da relatividade. Talvez tenha algo da Lei de Newton, a maçã caramelizada do amor que despenca nos parques de diversões para surpresa da moça.

Independentemente da insustentável leveza do ser, vinga o contrapeso, sempre; amar é sentir uma perna sobre a outra como quem sente uma palavra perdida – ambas sem querer nada, a perna que sobra sobre a sua, e vice-versa.

O pesinho é o que conta na balança dos amores possíveis.

O resto é o isopor do desamor e do fingimento, mesmo que os amantes pesem quanto eles imaginam.

Porque no amor, mesmo no descuido máximo, sempre sobra um pesinho na rua ou em casa. Amar é carregar essa apuradíssima balança existencial capaz de medir o quanto os homens são capazes de pesar uns sobre os outros até o resto da vida.

O resto são aqueles "21 gramas" do filme homônimo do mexicano Alejandro González Iñárritu. É quanto se especula que pese a alma quando deixa o esqueleto – desse outro mundo, porém, não entendo patavinas.

Fico com o pesinho dela sobre meu peito esquerdo, ali grudada nas minhas sístoles e diástoles da *petite mort*, a pequena morte do gozo, como dizem os franceses.

E que a terra, caro amigo Brás Cubas, nos seja leve.

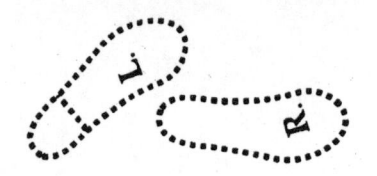

"O amor é velho, velho, velho
e menina.
O amor é trilha
de lençóis e culpa,
medo e maravilha."
Tom Zé

"Vou parar de pensar em você
pra prestar atenção na estrada."
Roberto & Erasmo

"Vou ficar aqui chorando,
pois um homem
quando chora
tem no peito uma paixão."
Waldick Soriano

3.

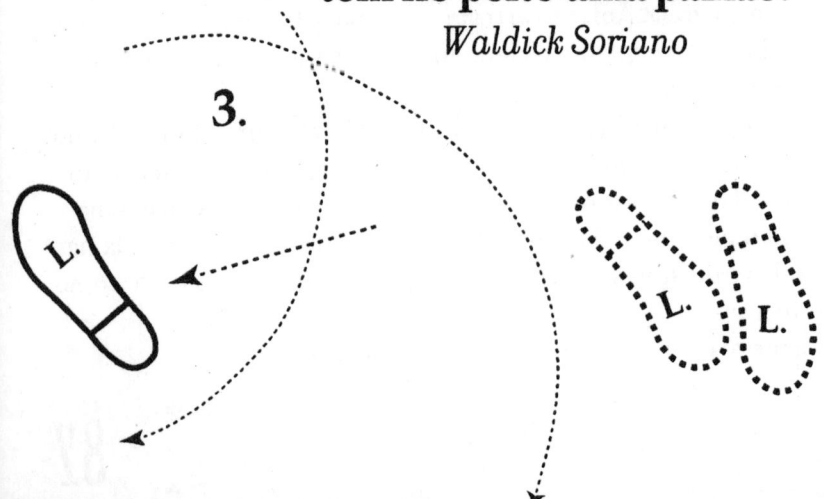

PARTE III
QUANDO UM HOMEM AMA UMA MULHER

QUANDO UM HOMEM AMA UMA MULHER, *vírgula*

Quando um homem ama uma mulher, vírgula, de verdade, digo, quando um homem ama uma mulher de verdade...

Quando um homem se vê em toda letra de canção romântica e acha que a desgraça não passa de um paranoico plágio da sua passagem terrena...

Quando um homem acusa o golpe diante de uma letra de Leonard Cohen ou de Waldick Soriano, esse nosso Johnny Cash do sertão baiano...

Quando o rádio do táxi, na madrugada, é sua biografia cagada e cuspida naquele momento, quando só resta um latão de cerveja quente no último bar-miragem do seu próprio Saara particularíssimo...

Quando você espeta coraçõezinhos de galinha no final da noite de Copacabana, mais precisamente no Galeto Sat's; quando você espeta inocentes coraçõezinhos de galinha e recita o nome dela até despertar a piedade do mais seco e safo dos garçons cearenses...

Quando você se separou de mim, virgem!, nem meus vícios deram conta do buraco na parte de trás do cérebro, aquele impreenchível...

É quando o coração, meu cronista Antônio Maria, se não está vazio, sobra lugar nele que não acaba mais, que não acaba mais.

QUANDO UM HOMEM QUER UMA MULHER, *digo*
(Ou Com vocês o impressionante homem-Monet)

Quando um homem está a fim de uma mulher, esquece as convicçõezinhas que lhe são mais caras. Pelo menos por um tempo. É justo.

Ele muda, se transforma, vira uma espécie de Monga do amor e do sexo. Jogo de espelhos.

Ele te leva a um restaurante japonês mesmo odiando um restaurante em que a comida vem crua e o guardanapo, cozido — atribuem essa definição da culinária oriental ao Verissimo, maior vítima na face da Terra de textos com autoria trocada na internet.

Quando um homem quer mesmo, perde até o jogo do seu time, embora fique ligado no rádio do porteiro e indo ao banheiro para checar o resultado. Mas já é um puto ganho e tanto.

Quando um homem está na fissura, mesmo sendo um macho-jurubeba, começa a ajeitar seu mocó de homem solteiro. Ele compra pelo menos duas tacinhas fuleiras para o casal beber junto. Logo ele, um tosco que até então apenas reutilizava copos de requeijão Poços de Caldas e de geleia de mocotó Colombo.

Quando um homem quer agradar para ficar junto, vira um Uri Geller ao contrário, aquele mágico do *Fantástico* das antigas. O cara dá um jeito nos seus talheres tortos e ajambrados.

Quando te quer mesmo, amiga, ele faz até uma faxina — porcamente, tudo para debaixo da cama ou da geladeira. Haja Bom Ar no conjugadinho de Copacabana, haja Pinho Sol no banheiro da quitinete do Largo de Santa Cecília (São Paulo), haja desinfetante naquele apezinho do edifício redondo, o Módulo, na Conde da Boa Vista, Recife.

A operação Pinho Sol é um clássico do homem quando ama ou, no mínimo, está apaixonado pela formosa dama. Diz muito.

Quando um homem acha que ama, mesmo sendo o mais sedentário do planeta, este homem vira o rei do pentatlo, moça.

Ele troca a picanha suculenta pela dieta de um spa no meio do mato no interior de São Paulo. Dieta de seiscentas calorias, limpeza de pele, detox completa, mesmo com uma cachacinha Dedo de Prosa escondida na moita. Maldita clandestinidade alcoólica.

Quando um homem acha ou está a fim, mesmo sendo um macho--jurubeba empedernido, cheira a rolha, sente o buquê e vira um amante de um bom vinho imediatamente. É capaz de discorrer horas sobre o aroma amadeirado, vixe, taninos suaves...

Quando um homem está a fim, seja para amar, seja apenas para uma transa, ele se transforma em um legítimo picareta. Vai ao Google diante de qualquer assunto que te pareça importante ou afetivo e é capaz de discorrer sobre o tema com a cara de pau de um especialista. Ele saca tudo de David Bowie, por exemplo, quando tu falas na exposição sobre o artista no MIS de São Paulo.

Mas quando o homem está querendo mesmo, não apenas te levar para a cama, vai te parecer, muitas vezes, um leso, abestalhado, simplesmente por querer à vera e não conseguir ser tão esperto, não usar a picaretagem do marketing sexual e/ou amoroso.

Quando um homem está a fim, da modalidade de relacionamento que for, ele nunca tem reunião fora de hora, mesmo que pertença aos partidos herdeiros da velha esquerda – "para fazer revolução tem que ter reunião", era o mantra.

Quando o caboclo está na tua, não vira o pescoço na rua, te protege no lado de dentro da calçada, presta atenção ao vestido novo, te aquece no ar--condicionado criminoso e siberioso dos cinemas do Rio. Sim, também compra o ingresso com antecedência e pensa num lugar nada óbvio para te levar depois.

Quando um homem está a fim... ele impressiona. Pode ser fissura sexual, pode ser ilusão de óptica, pode ser começo de amor para valer etc. Quando um macho está a fim, vira um verdadeiro homem-Monet, ou um impressionante impressionista-mor da humanidade.

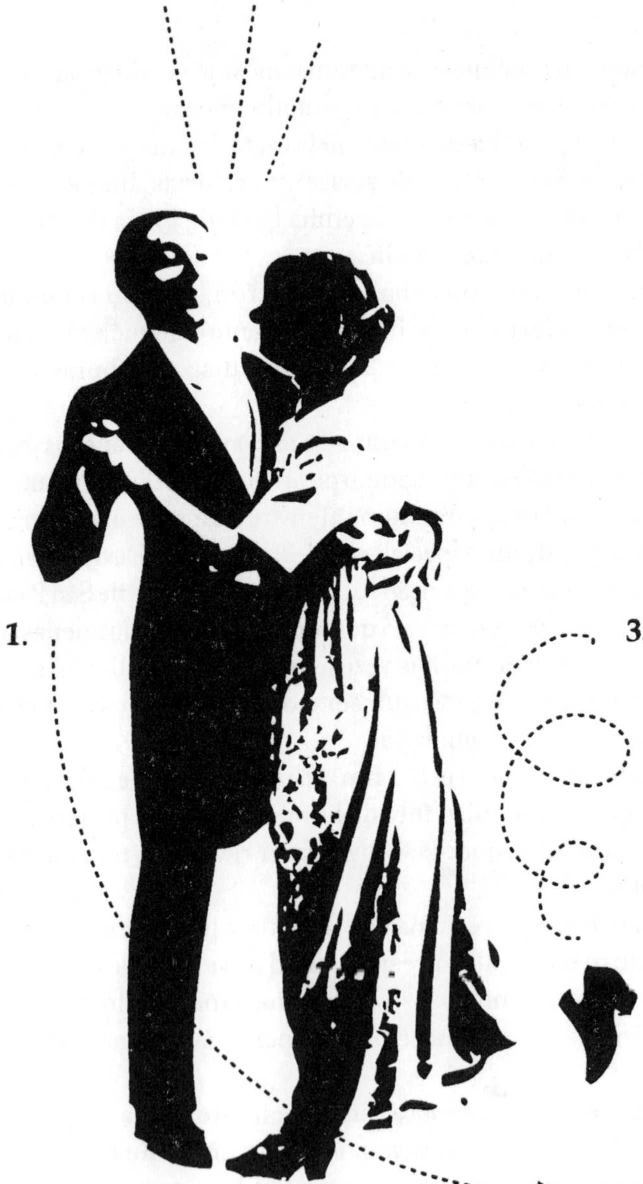
1.
3.

Como bate o coração
DE UMA MULHER

Para entender como bate o coração de uma mulher é preciso ter sentido algum dia na vida um pássaro preso na mão.

Não há blues, não há jazz, não há bossa, não há rock.

Não há educação de ritmo que nos faça entender, a princípio, essa coisa toda.

Não há escola, seja livro bom, seja picaretagem de autoajuda. Ou se convive loucamente, ou nunca se saberá o que for sobre uma mulher na vida. Mesmo convivendo loucamente, sabe-se pouco ainda. Eis o mistério do planeta, baby.

O coração de uma mulher sequer é bebop; é um sopro autoral no coração dos iluminados vagabundos — sopro que nos mantém vivos entre uma sístole e uma diástole.

Elas vão notar, de cara, quando se trata apenas de um donzelo a decifrá-las, um cabaço, mas está valendo: bom é que seja homem e tente.

"Vem, meu menino vadio…"

É mais fácil enganar a Deus e a Darwin juntos do que enganar uma fêmea.

Cada mulher sopra de um jeito. Pobre de quem tenta entender como gênero ou discurso amoroso uma rapariga. Há mulher Billie Holiday, há mulher Nina Simone, há mulher crente, há mulher desgostosa, há mulher. E isso é o que interessa.

Não há coração vira-lata no peito de uma fêmea.

Só sei que nada sei, como me disseram os dois Sócrates da minha vida, o grecorintiano e o grego de fato, mas tudo que aprendi no mundo aprendi com os pobres corações dos pássaros.

Embora em pequena cadeia comercial de família, capturei, prendi, vendi, trafiquei — no varejo de uma cidade do interior do Nordeste brasileiro — aves, bichos, passarinhos. Infinitas contradições da trajetória: amava, estimava e com tais criaturas ganhava um troco para o xerém da existência.

É preciso ter prendido um pássaro, ou soltado um peixe vermelho no aquário, para saber como desliza para dentro da sua vida uma mulher.

É preciso ter cuidado com pássaros, peixes e mulheres; é preciso respirar os mesmos ares e oxigênios, mesmo morando em São Paulo, mesmo dentro de um aquário ou de uma gaiola sob o Minhocão aos domingos.

A primeira vez que vi seu rosto, agora peço ajuda ao bardo Johnny Cash, digo, a primeira vez que beijei sua boca, senti a Terra girar em minha mão como o coração trêmulo de um pássaro de cativeiro; aquilo estava ao meu comando, minha pequena, como no meu primeiro tráfico de pássaros.

Mal sabia que não há domínio sobre os mistérios sagrados. As aves se domesticam; os peixes se aquietam diante de luzes, algas e farelos; as mulheres criam escamas, asas — mesmo as que não desejam sair nunca do mesmo canto (ou reino) cometem seus belos deslizes.

As mulheres não se contentam nunca. Aí mora a lindeza danada delas.

Tal como os tremores do coração de uma ave em cativeiro, *viejo* Johnny Cash.

Tal, mas nunca qual!

Para segurar minimamente uma mulher não há segredo. É só tentar rezar todas as manhãs para algum santo, uma reza vaga a um horizonte perdido. Nossa Senhora das Bicicletas!

Para entender como bate o coração de uma mulher é preciso ter sentido algum dia na vida um pássaro preso na mão. Liso como um peixe vermelho.

A VERDADE ACERCA DO AMOR

Estava aqui a ler na rede, não tão tranquilamente assim: "Diz-me a verdade acerca do amor", talvez o maior poema sobre o tema. Do cara: W.H. Auden, ediçãozinha portuguesa e bilíngue, da Relógio D'Água, uma das minhas editoras preferidas no mundo inteiro.

Gosto mesmo é quando Auden ironiza e pergunta se o amor é fofo como um edredom de penas. Também quando o poeta dá conta de que viu o amor escrevinhado nas costas dos guias ferroviários.

Que gênio! É, amigo, os anglo-americanos também amam.

E do nada, do nada mesmo – sinapse de *cool* é rola –, me vem uma narrativa das antigas, que havia escrito, dez anos atrás, depois de um sofrimento amoroso fodido – minhas únicas propriedades privadas, velho Proudhon, são minhas dores de amor, e como me orgulho de não carecer passá-las em cartório.

Nesse sentido, levei, levamos porrada.

Não é questão de ressentimento, é questão de orgulho das dores mesmo. O resto é meu riso fácil que mal carece de dentista ou manchas de nicotina.

Da vida nada se leva a não ser o enevoado da ressaca e as serras desaparecidas sob os olhares dos amores mal resolvidos.

Toda história de dor, meu amor, é em primeira pessoa. *Blow-up*. Quando dei fé, cão vadio, aos teus pés lá embaixo estava, mulher-abismo.

Enfiei-me entre os dedos, lambi como um lazarento... Pulgas passionais ainda tentaram me avisar, epa!, durante a queda. Em vão. Uma mulher muito grande, alma desenhada por R. Crumb. Pulgas mais avexadas, sadocamonianas, escreveram no meu couro, em caligrafia-coceira, "o amor é fogo que arde e não se sente". Ah, se eu pego esse Camões caolho eu furo o outro.

Assim contei em outro livro e aqui volto, triste, solitário e final, caro Soriano, ao repetido esmorecimento mesmo a esmo.

Repito minha própria epístola da dor amorosa: enfiei-me entre os dedos da miserável... Lambi os dedinhos, um a um – queria que você visse o desassossego desse pobre cardisplicente sob a forte chuva de granizo.

Não há guarda-chuvas para o amor, Catherine. Nem quando se tem 20 anos. Não há diamantes que comprem uma alma perra, Catherine; não há barcos, salva-vidas; só perdição e enchentes. Não à toa os sofás boiam nos aguaceiros. Sofás dormidos por homens que erraram, homens que já partiram.

"As mulheres são todas diferentes. Quando se perde um homem, há outro igual ao virar a esquina. Quando se perde uma mulher, é uma vida."

Desde o dia em que caí aos teus pés não sabia se estava a ganhá-la ou a perdê-la. O AMOR É FODIDO, livro do amigo cronista ultramarinho Miguel Esteves Cardoso, que me ensina coisas. Ao contrário das pulgas sadocamonianas, este gajo, certa noite das antigas, na cidade de São Paulo, boate Love Story, dizia que as lágrimas das raparigas são coquetéis sem álcool.

Dizer "não chore" funciona sempre, porque só mencionar o verbo "chorar" emociona-as e liberta-as, dando-lhes carta branca para chorar ainda mais. As raparigas, depois de chorar, soprou-me o gajo, lirismo--Morrissey, ficam com vontade de fazer amor.

Com amor e sesta, NADA NOS MOLESTA

Depois daquele almoço gostoso ou do almoço possível, seja com requinte, seja com aquele mexidinho, free-jazz mineiro no fogo a lenha, venha!; depois daquele alvoroço, aquele nosso angu sem caroço, carne de porco com a minha linda ruiva judia polaca...

Depois daquele sarro, as sobras completas, o arroz de puta, as sobras de toda a geladeira na madruga, a larica do amor, a fome de viver, incluindo aquela couve triste que testemunhou, entre nossos dentes, o primeiro beijo...

Só a sesta permanente e obrigatória salva um amor do gasto inútil do tique-taque do relógio.

Minha ideia de amor e revolução nos lares é a ideia vagarosa de uma soneca, o zé-bodismo, como dizemos no deserto do semiárido brasileiro, aquela paz de espírito em uma rede armada em cima de uma cama...

O chamego da safadeza começa lá, no balanço, nos ares, daí a gente cai sobre o colchão de mola para tentar fazer mais um menino para o mundo.

Com amor e sesta, nada nos molesta.

É na turbulência do avião QUE SABEMOS QUEM AMAMOS DE VERDADE

Macho-jurubeba diz na lata. Mas vamos ao que interessa:

Foi por medo de avião que ela segurou pela primeira vez na minha mão, turbulência na viagem Porto Alegre-São Paulo, um beijo depois no céu de brigadeiro, inesquecíveis olhos atlânticos da repórter-fotográfica...

As turbulências podem nos render um amor fugaz. Esse amor que retrato aí acima até durou algum tempinho em terra firme. Acabou, chorare.

Já senti algum medinho, principalmente naqueles voos em aviões teco-tecos de garimpo sobrevoando a floresta amazônica. Hoje os sacolejos da aeronave me dizem coisas. As turbulências hierarquizam os meus sentimentos.

Complicado? Explico. É na hora do sacode nas nuvens que a gente sabe quem ama de verdade. Pelo menos quem a gente ama naquele momento da vida. É batata. Teste você mesmo.

A aeronave chacoalha, a aeromoça aflita pede calma, como na canção do Chico, e você pensa apenas nele(a).

Óbvio que o edipianismo grita nessa hora. Nego pensa muito na sagrada mãezinha querida. As mães, óbvio, pensam nos filhos.

Noves fora essa ciranda familiar, você pensa no amor, digo, o amor na sua versão mais erótica e menos sagrada.

Se estamos na dúvida, naqueles momentos em que vivemos várias histórias paralelas, a turbulência decide: é ele, é ela!

O até então obscuro objeto de desejo ganha alta definição na sua cabeça. Você é capaz de ver o rosto dele(a) no turbilhão das nuvens.

Há quem pense em um amor incurável pelo(a) **ex**.

Há de tudo.

Acredito nas turbulências de uma forma mística. Uma vez, em um voo Rio-Curitiba, uma falsa-magra do Catete me surgiu do nada a dez mil pés.

Bom voo, sempre. Mas se tremer o asa-dura, como os sertanejos chamam aviões, tire todas as dúvidas sobre o seu amor de verdade.

A PAIXÃO MAL RESOLVIDA

Quem aí do outro lado nunca teve vontade de voltar o calendário e dizer o que não foi dito?

Ou de tentar de outro jeito?

Agora é fácil. Quero ver no tempo em que você, macho — sensível ou jurubeba de alta classe —, não sabia sequer dizer bom-dia a uma mulher. Ou quando você, mulherão de hoje, se deixava ludibriar por aquele canalha.

Calma.

É que fui à livraria Folha Seca, na Rua do Ouvidor, pegar o autógrafo do amigo José Trajano — mais um que herdei da convivência com o doutor Sócrates Brasileiro — e saí com uma interrogação dependurada no trapézio do cocuruto, só para lembrar um bruxo que circulava naquela rua do centrão carioca.

Ah, sim, que interrogação miserável e traiçoeira, coisa de quem ficou à toa na vida e não procurou a bendita psicanálise: "Qual paixão da minha vida me faria correr mundo para localizá-la e tentar um reencontro maluco?"

Nem que fosse para um vinho, soltar aquele vago "pois é", falar sobre o destino dos amigos, divagar sobre o tempo, comentar o noticiário sobre a queda do avião da Malásia, deixar que ela repare como as rugas fizeram residência no meu rosto...

É isso que o "lapa de doido" do Trajano (o elogio é do doutor que dividiu casa com ele na Itália) fez e narra no seu livro *Procurando Mônica — o maior caso de amor de Rio das Flores*.

Mônica é uma paixão mal resolvida de adolescência no interior fluminense, quando Zezinho, como era chamado à época, nem sonhava com o jornalismo esportivo.

Falo em paixão mal resolvida e Dom Álvaro Marechal, guia lírico e sentimental da minha vidinha carioca, admoesta: "Por favor, sem pleonasmos esta tarde! Se é paixão, é naturalmente mal resolvida."

O certo é que Trajano foi em busca de Mônica guiado por duas perguntas simples do diretor Domingos de Oliveira no filme *Todas as mulheres do mundo*: "O que uns olhos têm que outros não têm?" e "O que um sorriso tem que outros não têm?".

A viagem de Trajano poderia ou pode ser feita por qualquer um de nós. Na dele, damos sorte de ter, além do suspense amoroso – amor é Hitchcock! –, um belo panorama do cinema, da música, da política dos anos 1960 até agora.

E dá-lhe Miles Davis, Chet Baker e Pernoud com gelo na madruga.

Ele pensa, inclusive, em uma viagem a Paris, numa bela vingança: namorar a Anna Karina, a musa do cinema francês, a miseravona da Nouvelle Vague. Queria ver Mônica, o amor do Clube Recreativo 17 de Março, segurar a onda!

Até futebol rola ao fundo, como aqueles radinhos fanhosos de porteiro nos domingos melancólicos de Copacabana. E se no amor foi difícil para o autor, imagina na pele de torcedor do América.

Como dizia Bandeira, lero-lero, vida noves fora zero.

Fiquei só pensando: de quem eu iria à procura? De pelo menos uma em cada lugar que habitei: Sítio das Cobras, Nova Olinda (a menina da roda-gigante e das canoas do parque de diversões), Juazeiro do Norte (a jogadora de basquete do Seminário Batista, minha primeira grande paixão platônica), Recife, Olinda, Brasília, São Paulo, Rio... Crato não vale, saí de lá ainda em cueiros.

Há sempre alguém na escorregadia curva da memória.

SÓ OS FORTES TÊM O PRIVILÉGIO DA RECAÍDA

Carolina, nos teus zolhinhos tristes guardas tanta dor...

Carol, minha amiga, leitora desde quando eu ainda tinha cabelo, implora: "me fale se tem alguma estratégia contra os males da recaída."

Digo eu: desista.

Só os(as) fortes têm o privilégio da recaída. O resto é autoajuda.

"Você já passou por isso?", ela pergunta. Risadas ecoam sobre Copacabana.

Digo, viver é um Lázaro ao contrário: cai e rola na grama ou na lama. Raramente acontece o milagre bíblico do "levanta-te e anda".

A recaída é necessária. Humaníssima. Cair de novo, pegando ao pé da letra, talvez seja o sentido da existência. Menos para quem acha que viver é um sucesso ou uma falsa felicidade permanente. Essa gente que mente que o cu não sente, como diz minha mãezinha querida, mantras da minha terra.

Viver é o mito de sifu, digo, Sísifo, fino e fofo Albert.

A leitora implora. "Publica alguma coisa. Nem que seja uma crônica antiga" – ela manja que sou o rei da reciclagem, da ecologia do texto, perdendo nisso no Brasil apenas para o meu Deus-mor Nelson Rodrigues.

No que busco no baú de ossos e ofícios, meus caros amigos Pedro Nava e Marcelino Freire, alguma tese sobre o assunto.

Encontro, claro; já escrevi sobre tudo desde que deixei de ser um sério repórter de política e resolvi investigar o que mais interessa: a humaníssima capacidade da gente se lascar no amor feito maxixe em cruz.

Agora falando sério: a recaída. Poxa, você acha que está inteiro(a) de novo, que já viveu o luto, que está pronto para outra(o).

Mas que nada!

Você pega um táxi.

Toca uma música qualquer.

Qualquer uma.

Um Roberto Carlos ou um Leonard Cohen. Um Chico Buarque ou um amado Bartô Galeno, que é a mesmíssima coisa — "no toca-fitas do meu carro, uma canção me fez lembrar você..."

Qualquer música, pianista José, qualé a nota, diz aí, velho Pablo, canta para nosotros.

E essa música, mesmo sendo a mais bela ou a mais vagabunda, trata-se, inevitavelmente, da sua biografia completa naquela hora.

Toda canção, na hora de algum sofrimento verdadeiro, conta a sua história de vida. Uma canção triste na madruga é sempre uma biografia não autorizada.

No rádio do seu carro ou no radinho fanhoso do porteiro, no bar do Zé, quando eu tanto amava minha falsa-magra do Catete, ou na madruga do Galeto Sat's em Copacabana.

São os perigos da recaída na madruga.

Você vai ligar para ela.

Gastar a última ficha.

Você vai ligar para ele.

A última narrativa possível.

Puerra, você berra, borracho(a), em portunhol selvagem. Puerra, estava tudo tão, aparentemente, bem resolvido.

Nem chega a ser surto. É algo assim malpassado na chapa quente do juízo: "Ah, mas ele(a) vai ter que ouvir agora!"

Você tem algo maldigerido nas oiças e no coração perdido. Comassim?

Ele/ela acha que é tão simples partir para o outro lado da força.

Né, não.

É pesado.

"Não te mereço" um caralho.

"Você é muito boa para mim" uma porra. De novo e de novo a mesma ladainha. Quem manda ligar nesse apagar das luzes!

Enfim, tudo, aparentemente, havia chegado ao fim, com certa civilidade falsa e babaca, e você, a caminho de casa, nessa madruga, pensa "que merda", como pude, como pude aceitar tudo isso, não, ele(a) vai ouvir agora tudo que merece.

Lupicínio nele!

A lindeza de reconhecer que amor (paixão, vamos lá!) não come da ração cachorra da civilidade.

NÃO DÊ OUVIDOS À *voz* DOS DOMINGOS

É como dar ouvidos à maldade alheia, creia, como no alerta da canção de Roberto & Erasmo.

Não caia no agá desse dia encarnado na alma e no calendário.

Repito aqui, pela nonagésima vez: é o domingo que pega, nega.

É no domingo, na falta dele(a) para o almoço de sempre, que os bichos escrotos da cabeça assanham o juízo.

É nesse dia que ouvimos a "voz do domingo" – explico aí ladeira abaixo desta crônica.

A enganosa voz do domingo prenhe de falsas promessas amorosas. Perigo. Você está carente e cai no conto.

Domingo não é feriado no reino da Carençolândia. Todo cuidado é pouco.

O domingo do golzinho fanhoso no radinho de pilha do porteiro: Melancolia 5 x 0 Você, no placar eletrônico do espírito.

O domingo em que o solitário operário de mais um espigão do Recife põe só os olhos esbugalhados de ex-homem-caranguejo para fora do tapume da construção em Boa Viagem.

É o domingo que pega. Por isso me lembrei agora, em um rolê amoroso no circuito Pompeia/Perdizes, de Ilia, uma das mulheres que mais amei no cinema.

Musa absoluta do Mediterrâneo, Ilia era uma grega que recusava as tragédias escritas na sua terra; preferia sempre outro final para tais histórias.

Daí contava o mais triste das desgraças caseiras, como Édipo Rei, sempre com epílogo de felicidade. Ninguém matava ninguém, muito menos filho e pai; a mãe só entrava no meio e, no *"the end"*, todos espocavam champanhe no litoral.

Conheci Ilia em *Nunca aos domingos*, filme de 1960 dirigido por um bravo Jules Dassin, homem perseguido nos EUA por causa das suas ideias generosamente comunistas.

Ilia é uma bela e caridosa prostituta. Quando gosta mesmo de um cara, não cobra nada. Em um bar na beira do cais, brinca de transformar o trágico em leveza. Os marinheiros e demais convivas riem abestalhados com tamanha graça da gostosa.

Ela ama a vida, desde que nunca ouça o que chama de "a voz de domingo", a conversa fiada do homem apaixonado que lhe pede em casamento. Ela quer apenas se divertir. E pronto.

Mas eis que chega Homero, um norte-americano abestalhadíssimo que vai para a Grécia estudar as razões da derrocada do macho helênico. A pretensão é entender por que um povo tão sábio, cujos guias foram Sócrates e Aristóteles, entre outros bambas, está entregue à farra, à esbórnia e à banalidade.

Ele tenta, de todas as maneiras, tirar Ilia daquela vida. Só o conhecimento salva, abestalhado iluminista gringo. A loira (a atriz Melina Mercouri) até que cai um pouco no conto do mala, mas logo se recupera. Apenas um pequeno drama.

Mas o lindo é que continua convicta na sua forma de narrar qualquer história que um dia tenha sido trágica. O final, para a galega, terá sempre que ser feliz, solar (como diz aquele personagem do filme *Tatuagem*) e litorâneo. E tudo acaba na beira-mar, diz a gênia, no seu mantra permanente.

Que a sabedoria da nossa puta filósofa reine em todos os nossos domingos!

SÓ O *pé na bunda* SALVA

Só o pé na bunda, no amor ou no trabalho, salva.
Só.
Gosto de pé-na-bunda repleto de hifens, amo tal solenidade arrombada.
Só o pé na bunda...
Sim.
Vamos ver: só o pé salva. Será?
Só perder é ganho. Sempre que perdi fui para outro canto.

Como dizia Chico Science: um passo adiante e você não está no mesmo lugar, reflita.

Tem uma coisa que gosto da minha existenciazinha de nada, nadinha. Trabalho, escrevo, ganho a vida, mas o sentido é o amor ou a vagabundagem absoluta.

Um passo adiante e você já está... no pecado.

Mas repare como também pode ser lindo:

Esse negócio de encontrar uma linda mulher e levar à festa mais bonita do mundo, a do Lesbian Bar, óbvio, no Hellcife, claríssimo. O verão, sinto muito, é uma ideia recifense; não há lugar no planeta que consiga fazer festas iguais a desse *pueblo* às margens do Capibaribe.

Voltemos para o nada, o pé na bunda existencial como tema.

Um homem só aprende o sentido depois de muitos pés na bunda. De patrões, de editores, de mulheres. Só um pé na bunda dá o sentido da vida. Juro. Só fui homem depois do pé na bunda e foi duplo: do patrão e da amada.

Todo homem precisa de um pé na bunda para ser gente. Todo homem precisa de um pé na bunda, seja para ser Hemingway, seja para ser um simples vagabundo cronista como este que vos escreve.

Aquela calcinha pendurada NO CHUVEIRO

Muita gente se assombra quando o caso, o cacho, o(a) ficante etc. deixa peças de roupa ou espalha sinais, conscientes ou inconscientes, de que não está ali apenas de passagem.

Tem até uma conta supersticiosa – ah, essa gente mística! – de que seis peças configuram um relacionamento que está ficando sério.

Paranoia delirante. O medo do goleiro diante do pênalti. Há quem entre em pânico. Mesmo.

Bobagem, amigo(a).

É lindo quando ela marca território, gata *sauvage* ou gata mais recatada e existencialista.

E quando ela deixa aquela primeira calcinha pendurada ainda na torneira do chuveiro? Nossa *madrecita*!

Passo mal.

Nada mais lindo e importante do que a calcinha dela, a mulher que talvez esteja chegando à sua vida, hasteada no varal ou ainda molhadinha no boxe do toalete.

Ela vai embora e você volta lá, no banheiro, e percebe que a calcinha ainda está pingando desejo e especulações sobre o futuro. Há música naqueles pingos. Estalactite do amor, meu caro amigo Otto Maximiliano.

A calcinha também vista como se fosse a bandeira de um astronauta fincada sobre a lua. Um pequeno passo da nega, uma bela mudança na sua vida.

Depois ela deixa um biquíni e fala da parte prática: "Você mora perto da praia, eu tenho tesão é no mar", essas coisas das canções românticas.

Deixa quieto.

Ela deixa o biquíni e, repare na perversão gostosa, liga para pedir um favor inestimável. Que você lave o biquíni dela com sabonete (?) para o sal não estragar a preciosa peça. Você lava e aquilo dá um tesão sem limite. A moça sabe das coisas. É do tipo da moça que merece casa, comida, roupa lavada e viagens para lugares exóticos.

Nada mais bonito do que a moça que parte e deixa uma calcinha pingando no banheiro. Pingos de amor, nobilíssimo Paulo Diniz.

Amar é...
LER JUNTINHOS

Cabecismo à parte, só a cabecinha: um dos melhores momentos de um casal – namoro, casório, rolo ou rolinho primavera – é o ato de ler juntos. Cada um com seu livro. Aquele silêncio bonito e umas espiadas com tesão por cima da capa mole ou dura, dependendo do tamanho da erudição do sujeito.

Ali, jogados, na rede ou na cama. Ali, lesadamente apaixonados ou na madureza de um velho e bom romance. Ali, entregues um ao outro e aos nobres ou vagabundos autores escolhidos.

Se a moça estiver lendo *Pornopopeia*, amigo, te prepara. Lindeza-mor da existência perdida. Melhor e mais divertido romance brasileiro desde *Memórias de um sargento de milícias*, as moças deliram com o volume do gênio Reinaldo Moraes.

Terás ao lado, companheiro, uma mulher sorridente e tarada. O livro, epopeia cosmopaulistana, conta a saga de Zeca, ex-cineasta marginal que ganha a vida fazendo comerciais de produtos fuleiros, como embutidos de frango etc. Figuraça da putaria e da trapaça.

Nada como uma mulher lendo *Pornopopeia* ao teu lado. Usufruí dessa experiência. Quando reparava, lá estava a danada com a mãozinha (esmalte vermelho de nome "Segurando o amor" ou algo parecido) entre as coxas suadas em Copacabana.

Emoção desde a largada, mas foi à página 302 – na versão de bolso – que a mulher mais linda da cidade pulou no meu pobre membro.

Peraí, para ganhar um tempinho, fui reler a bendita página – li o livro três vezes. Justamente aquele momento em que o Zeca come a amiga da mulher dele. Perva, erva, cerva e outras *cositas más*. Safada!

Viremos a página. Este foi apenas o instante mágico, como diz o meu inconsciente hippie que larguei nas ladeiras de Olinda.

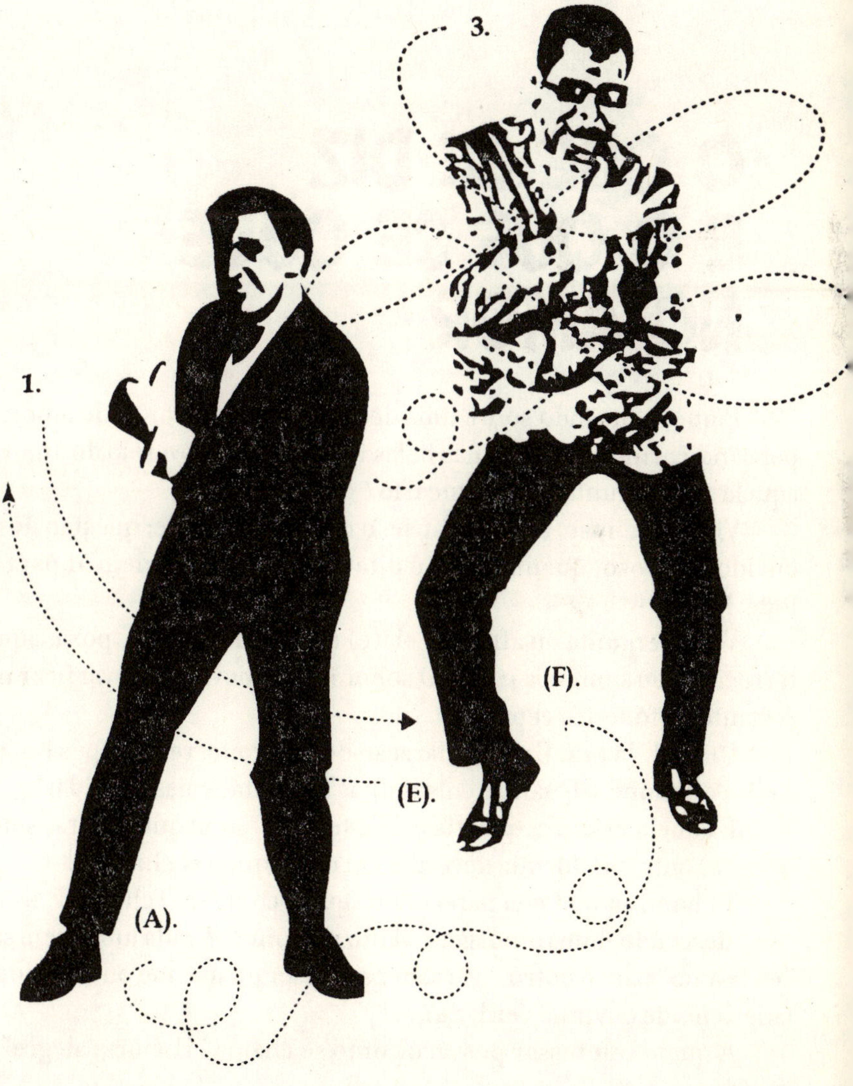
3.
1.
(F).
(E).
(A).

O QUE SE DIZ E O QUE SE OUVE NO AMOR

Fiquei pensando sobre uma destas mil e uma noites de amor. Fiquei pensando principalmente nas belas inutilidades do varejo do amor. Como aquela sua pergunta ou fala que não é ouvida nunca.

Viver é eclipse, amar é elipse; o dito pela metade, questão de cera do ouvido amoroso, quanta coisa é dita quando o outro nem aí para a coisa toda. Né?

Você pergunta ou afirma e ela(e) acabou de dormir, poxa, aquela interrogação ou sentença já era. O sonoro lixo amoroso que vai ficar na posta restante do fonético cemitério.

Um gol. Já era. Uma declaração de amor morreu aos pés do jogador. Assim é o mundo. Quantas coisas ditas? Quantas coisas ouvidas?

E aquela criatura que disse "eu te amo" só naquela hora, sem saber que o(a) outro(a) dormia deveras? Ou no mínimo cochilava?!

Tá bom, agora ficou parecendo aquele conto de Tchekhov: os pombinhos descendo num trenó, gelo, vento medonho, e cada um, quem sabe, diz "eu te amo" para o outro — vai saber se disseram mesmo ou terá sido a vontade deles de ouvir tal verdade?

A quem interessar possa, o conto se chama "História alegre". Recomendo.

Tchekhov, baby, o gênio das pequenas coisas ditas e mais ainda das não ditas, as vontadezinhas escondidas, assim na Rússia como em Solidão, Pernambuco, o mundo é o mesmo, desculpa pela obviedade babaca.

O dito e o não ouvido. Tem cara covarde que diz tão baixinho que nem a calada da noite escuta. Um dia ele vai dizer mais alto, talvez seja tarde, talvez nem seja. Duvido. A palavra guardada é o contrário do vinho ou da aguardente envelhecida: talvez não valha mais nada.

Quantos amores não viram amores de fato por essa covardia das cordas vocais? Ou terá sido outro barulho, como o vento do inverno russo ou o barulho do homem que vende a milagrosa banha do peixe-boi da Amazônia? Os barulhos da cidade que encobrem os "eu te amo" de verdade.

Deixa quieto. Estava a tratar de coisa mais besta. Sem drama.

Tratava, ora, de quando você já está com ela e a ama. E ensaia um discurso amoroso. E vai dizendo. E se acha. Pois ela já estava dormindo. É lindo. Você ri. E pronto. E não é que ela ri de você mesmo dormindo, como quem mira uma constelação, como quem diz "seu besta", como quem diz, mesmo dormindo, "não estou te ouvindo".

Tratava de quando você diz uma coisa supostamente inteligente e ele(a) está na internet, lesada. O não ouvido do amor, portanto o não dito do amor, não faz diferença alguma.

Minto. Tratava sobretudo de um detalhe: seu esforço discursivo foi para o vazio da vida, mas ela, de alguma forma, se mexeu na cama. Aquilo que você começa a dizer quando ela ainda está acordada, mas, pelo cansaço de um dia de trabalho, ela dorme no meio da frase. No meio de uma declaração ou de um bobo comentário sobre...

Dizia do nunca ouvido pelo outro. Acordado ou dormindo. Viver é eclipse, amar é elipse – não importa o que você diga, o que importa é o que o outro compreenda no sonambulismo chamado amar de verdade.

Amar é... tomar como verdade o inverossímil e brincar de caubói juntos enquanto ouvimos "Romance in Durango", de Bob Dylan, estirados sobre o mesmo taco de Copacabana.

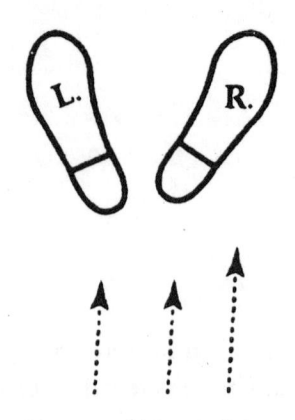

"O amor representa uma enorme ameaça à ordem tecnoconsumista, porque ele denuncia a mentira.
(...)
O simples fato é que a tentativa de ser perfeitamente curtível é incompatível com os relacionamentos amorosos."
Jonathan Franzen

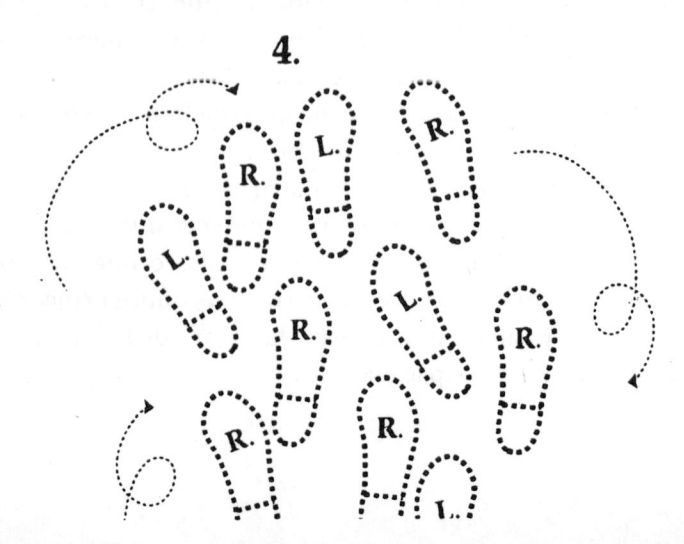

PARTE IV
ESTOU NUM RELACIONAMENTO "FALA SÉRIO"

Lulu e um ficante "ROLINHO PRIMAVERA"

Vingativa, ela queimou o filme dele, um reles ficante – status "rolinho primavera" –, no Lulu, o aplicativo que funciona como um clube no qual as garotas avaliam os rapazes do desempenho sexual ao caráter propriamente dito.

Ô mundão objetivo e sem porteira. Mas pensando como cronista de costumes, Lulu é apenas uma vingança tardia das velhas notas masculinas para as moças na escola. Vingança lupicinicamente machista, óbvio, só vingança, vingança, vingança aos deuses clamar.

O Lulu é um SPC, um Serasa moral, um cadastro geral dos marmanjos para consumo.

Reproduz, para todas as mulheres do mundo, o que já se faz em pequenas rodas femininas.

Calma, meu rapaz, é só um banheiro ampliado, um tricô ao infinito, um fuxico hiperbólico.

Não vale pedir para as amigas lavarem a sua honra, tornando-lhe um homem de qualidades. Relaxa. Leva na esportiva. *Fair play, brother. Fair play.*

"Deu para maldizer o nosso lar, para sujar meu nome, me humilhar... Não passa nada."

O Lulu é a verdadeira biografia desautorizada. O Rei deve ser contra. "Detalhes tão pequenos de nós dois são coisas muito grandes para esquecer."

A avaliação de usos e costumes também está valendo: #UsaRider. Melhor ainda é o critério estético: #CurteRomeroBritto. Essa é genial.

Sim, falam até de pau pequeno (#NãoFazNemCosca é a hashtag maldita). Mas, meu amigo, você também acha que tem, por mais que seja normal ou saído à semelhança do "jumento na sacristia", como no conto do gênio cearense Moreira Campos. O primeiro insatisfeito nessa parada é você mesmo.

Relax, meu rapaz. Leve na *buena* onda, no humor, na graça. Ser maldito também tem seu charme, e a vida é sempre mais subjetiva do que sugere o vão aplicativo. Como diz a lírica do Conde do Brega: ninguém é perfeito, e a vida é assim.

O AMOR É UMA INVENÇÃO QUE SÓ DEPENDE DO NADA

Meu novo amor está digitando...
A ideia que tenho de novo amor está digitando...
Meu novo amor está apagando, visualizada; ela(e) leu alguma besteira da minha parte. Para que canto da existência meu novo amor irá agora?
Aqueles pontinhos dançam na tela do smartphone como bolhas de sabão nos ares...
O amor é Hitchcock, o suspense de estar vivo.
Como queria saber justamente esse momento de verdade absoluta, esse momento de elipse, a falta, o vácuo, o dito mais que não dito; elipse, a figura de linguagem feminina por excelência, o que a mulher quis dizer e não disse. A intenção de amor que se apaga na tela.
O justo momento entre o "digitando", em uma conversa de chat, e a desistência, o não dito para ela mesma.
Toda mulher nessa hora é um pouco a Clarice Lispector, essa ucraniana do Recife, n'*A paixão segundo G.H.* A Clarice e suas mais violentas reticências.
O amor está digitando...
O amor está apagando...
O que ela(e) terá dito longe do meu alcance...
Claro que me interessa. Dirá ao meu ouvido?
O amor é minha bela invenção que fiz dela. O amor só depende do nada a essa altura.

NÃO HÁ *sinal amarelo* NO AMOR

...e triste de quem lhe obedecer. Se amarela, não é amor. Amor só existe em preto & branco.

Foi na estrada perdida que descobri: não há meio do caminho para o amor. O processo do desejo sempre vai empurrar alguém para chegar primeiro, como no sexo, a não ser que uma parte atrase de propósito.

Perversidade é bom e eu gosto.

Sigo no acostamento pela Via Dutra. Quem ama vê vultos, assombrações e outras particularidades de Vênus. Passa boi, passa boiada...

Na cabeça, sinuosossss de curvas perigosas. O desejo não consegue ler sinais, e a margem da pista desse cosmonauta no escuro não emite brilhos fosforescentes.

Chove porque no perigo do amor sempre cai uma tempestade. Como me ensinou, no making off do DVD do filme *Um homem e uma mulher*, o diretor francês Claude Lelouch.

Não há guarda-chuvas para o amor, Catherine. Os camelôs que surgem como gremlins nos temporais de verão não nos socorrem com uma mísera sombrinha *made in* China quando o granizo amoroso desaba sobre o asfalto.

Estamos lascados de véspera? Nada disso. Estamos tentando o de sempre. Na dúvida, ultrapasse. Não há amarelo no amor, minha Zazie. É como no metrô.

Queda de barreira, pista molhada...

Aproveito que mandaste aquela pérola-mor do romantismo de cama-mesa-e-banho, afinal nem só de cinema francês vive um transeunte, e relembro um mantra do Conde do Brega: "Porque, meu bem, ninguém é perfeito, e a vida é assim."

Viajar é perder lugares.
Pare.
Assim como amar em fuga é como aquele melhor filme de Spielberg, *Encurralado*, o herói perseguido por um feroz caminhoneiro.
Mas isso aqui é uma estrada, porra. Chega de cinema, cacete.

✳

Agora te espero num bar fuleiro, um cabarezinho incrível onde toca aquela do *Ritmo quente*. Pense em algo romântico, baby. Esqueça Shakespeare; caguei para Shakespeare, como diz o meu amigo calabrês Marcelo Coppola.
Cante comigo, baby, mesmo ainda ao longe: "Vou te agarrar/ vou te jogar na cama/ vou te deixar bem molhada/ eu vou... etc. etc."
É maluco como se inventa um amor. Vem, chega logo, vem sentar aqui no meu colo, no Boneca Emília Bar, agora já pertinho de Taubaté. O amor é isto mesmo: ninguém sabe o que vai ser. Amar é só ter ganas de desconsiderar a estrada pelo tempo que der.

Quando o desejo ADIANTA O SEU LADO

Falas da respiração que faz eco nas telhas — mesmo sem tê-las no teto da tua casa —, que me deixes inventar meu amor a partir das tuas pistas, é assim que penso nosso faroeste, uma floresta perdida à Laura Palmer (Twin Peaks, lembra?), não podes dar sinal de vida, silêncio, um grito na noite guardado para depois, o teu desejo à prova de trancas e dobradiças caminha na margem esquerda da Via Dutra, o meu daqui também parte, faz de conta que não somos nós, diz para si mesma que volta logo, que foi comprar bebida na esquina, o teu desejo parte e o meu já vai longe, o desejo, baby, é aquela parte do juízo que promete, sempre ao Lou Reed, fazer uma loucura, uma confusão bem grande, é aquela nossa versão não dormida que vaga descalça fazendo a sonâmbula para tirar proveito das proibições do mundo.

Meu desejo de *viejo hombre* conversa com Neil Young no redemoinho do primeiro pedágio, ali na Viúva Graça, Seropédica, o homem do rock diz algo como "Live alone in a paradise/ That makes me think of two", só sei que é algo bonito, intraduzível à maneira que sigo viagem, só não sei neste exato momento de onde o teu desejo vem, chegou a Aparecida, Canas, Cachoeira, Lavrinhas, Queluz?

Há um desejo que anda mais depressa que o outro, botas sete léguas do amor, que pede água, essas coisas? Sem essa de perguntas, seu velho babaca, o desejo simplesmente anda e a saudade, mesmo do que ainda não vivido, é o genérico do Viagra. O desejo pede carona a outros desejos clandestinos que vagam pelo mundo. Vai de boleia ou de teletransporte. O desejo reencarna em tesões avulsos que morreram de véspera por falta de estrada ou coragem no tanque.

Meu desejo me diz aqui entre nós: se trabalhasse no cinema seria aquela cena do Sam Sheppard laçando a jukebox por causa da Kim Basinger. Meu desejo é um tolo, já percebeste? Às vezes, nessa de vontade que caminha com as próprias pernas, é atropelado por redundantes caminhões cegonhas.

Inimputável, o desejo, seja o meu ou o teu, às vezes se joga. Todo e qualquer desejo tem passagem livre, com telhas ou ao relento, é como cachorro que entra na igreja para conversar com uma destelhada ideia perdida de Deus.

Posso estar enganado, mas teu desejo se aproxima, sinto pelo cheiro dos teus dedos. Estou, digo, meu desejo se encontra no meio do caminho da Via Dutra, o teu havia chegado bem antes, estava só dando um tempo, disfarçando a arte zen de consertar motocicletas no posto de gasolina; o meu desejo, que já é um atrapalho, achava que não pegaria bem atropelar o seu próprio dono.

Quando o amor
ANDA SOZINHO

Por um tempo o amor funciona por si só, naquela fase em que os passionais pombinhos MCs tocam de ouvido o chacoalhante rhythm and blues das coincidências — a gente curte os mesmos livros, os mesmos discos, os mesmos filmes do Kubrick, todo mundo ama Nina Simone bêbado na madruga e somos felizes, naquela manhã, para sempre.

É um tempo assim Galileu Galilei, pura gala, *e pur si muove*, como a Terra.

É simples: por um tempo o amor funciona por si só, dita o ritmo, a prova dos nove, o gabarito, e o freestyle do jazz é todo certo, mesmo quando todo errado, e seguimos. Mesmo quando apenas repete o batuque zumbi das nossas neuroses ainda em compasso pianinho das sístoles & diástoles.

Por um tempo o amor funciona por si só e pisamos no pé um do outro, no dois para lá dois para cá, por puro charme, somente para revelar certo desatino — afinal, quem vai acreditar em um amor assim todo ensaio de orquestra, meu velho?

O amor por si só, assim como o "quizasquizasquizas" do bolero ou a paradinha certeira do chá-chá-chá, se gasta, *gracias*, ainda bem, foi bonito, agora vem a cumbia da devoção ou o brega do merecimento.

Mas todo cuidado é pouco: ridículo fazer desse tempo do amor "por si se move," um apocalipse precoce, como alguém que conheço, que sempre se martiriza e põe tudo a perder de novo: "Isso não pode estar acontecendo comigo, isso é uma farsa, será um desastre."

E, descrente, sai em desabalada carreira de cada homem.

Por não viver o por si só do amor, neguinha(o), descrente, sarta fora. Aí não vive nem isso nem aquilo. Mal sabe o que vai perder logo adiante: a transição para um amor possivelmente conduzido por nós, um amor que precisará de algumas coisas leves e de alguns dos doze mitológicos trabalhos de Hércules, um amor que não anda mais com seus próprios pés.

Prefiro. Bom mesmo é quando falta a gasolina azul do amor por si só e temos que inventar novos combustíveis e fazer das duas rodas dos óculos os pneus das nossas imaginárias bicicletas.

Como ainda estou em uma fase do luto por Lou Reed, é obrigatório, por exemplo, nessa fase de transição, beber sangria no parque, como ele canta na faixa "Perfect day". Escute e me diga.

Pode ser no quintal de casa, na varanda, na pia da quitinete. Pode ser vinho jurubeba com maçã da Mônica que sobrou da sua filha, o importante é fazer uma graça com a moça.

Pode ser também num restaurante espanhol de San Pablo, tarde de domingo, sua alma como touro imbatível que avança sobre todas as coisas vermelhas do universo. Você se acha e isso é teu breve triunfo sobre a Velha da Foice. Vale.

O importante é não deixar o amor a pé, entre o que ele achava que seria e o que ele acha que já é.

É preciso sacar de mobilidade amorosa, fazer dos dois aros dos seus óculos as rodas de uma imaginária bicicleta; é preciso botar o amor nas costas, o pobrezinho agora carece de você, como um *sleep-bag* precisa do sonho de um hippie para se sentir inaugurado pelo universo.

Pegue um ônibus, compre um pacote barato, faça alguma coisa, viaje com o bofe ou com a mina; o amor gosta de sair do canto, nem que seja para espantar borrachudos na pele um do outro em uma praia chuvosa.

O PEZINHO QUE FLUTUA NA HORA DO GOZO

Era virtual, agora pegou fogo...

Tem o tipo contido, frio(a) que só gelo baiano na madruga de São Paulo. O sujeito ou a desalmada, que mesmo que ame, segura o diabo do "eu te amo" até o túmulo, mesmo no chat. Para esse tipo, como li em um conto de *A vida como ela é*, só chegando mesmo com uma navalha na jugular. Não tem jeito. Nem na hora da morte.

Quero me dirigir, porém, ao avesso dessa gente siberiosa.

Amigo(a), se você é do tipo que diz "eu te amo" de uma forma, digamos assim, precoce e irresponsável, na afoiteza das primeiras e belas noites na alcova, como já tanto o fez este pusilânime cronista, prepare o seu coração para as coisas que eu vou contar, digo, "se liga", como verbalizam os avexados mancebos da hora.

Se a gazela for safa, sábia, mal algum há em tal pronúncia, até apreciará o empolgante anúncio como uma poesia de fundo, como se uma música de Serge Gainsbourg — "Je t'aime moi non plus" — estivesse tocando no quarto de motel barato àquela altura.

Pensará a moça, bem baixinho, "que doce vagabundo". Terá sido apenas um pequeno crime, como num bolero, um "besamemucho", um chá-chá-chá num Caribe imaginário, cortinas ao vento, lua *caliente* lá fora, barulho de caminhões no asfalto.

Sim, a gazela pode entender como um "eu te amo mesmo, de verdade verdadeira, assim como Deus sobre todas as coisas".

Que mal há nisso?

Quantos amores à vera começaram com um "eu te amo" de brincadeira?

Nesses tempos de amores líquidos, de amores ficantes, de amores vinhetas de quinze segundos, quem saberá o que venha a ser o amor patenteado pelos deuses incas ou gregos?!

O melhor mesmo é dizer, sem medo, "eu te amo", e honrá-lo pelo menos enquanto o sublime eco resistir entre aquelas abençoadas quatro paredes.
E se ela acreditar, ora, ora, manda um "eu te amo, meeeesssmmmoooo".
Com olhinhos revirados, vamos mais fundo ainda: "Eu te amo até o fim dos tempos."

Se ela não estiver nem aí, você se vira para o piano e ordena, como no filme *Casablanca*, mesmo que estejam atravessando a Avenida Afonso Penna em Belo Horizonte, seis horas da tarde, buzinaço, hora do ângelus: "*Play it again, Sam!*"

E manda mais "eu te amo", como um estribilho do vento, nas oiças da desalmada, até ela acostumar com a natureza humana do macho que veio ao mundo como um cowboy solitário que tem apenas um mantra, uma bala no coldre dos sentimentos: "Eu te amo, porra".

Monocórdico senhor das sombras cujo cardiograma é um terremoto de "eu te amos", como um sismógrafo nervoso a riscar o mostrador da maquininha que mede os tremores demasiadamente humanos de todos os cardiologistas particulares.

Antes um "serial lover" a dizer "eu te amo" como um cuco desembestado a um elíptico e silencioso cabra safado que guarda os "eu te amo" para a hora do chifre – uma vez largado, o vagabundo dispara "eu te amo" como em um descontrolado soluço.

Donde baixa um Esopo fabulador para deixar a moral da crônica: mais vale um "eu te amo" que entre por um ouvido e saia pelo outro do que um silêncio mortal de um homem que nunca se empolga e deixa a gazela achando que "eu te amo" é coisa só de novela e de filme americano.

Não acha? Ou você é do tipo frio que narrei lá na cumeeira da crônica?

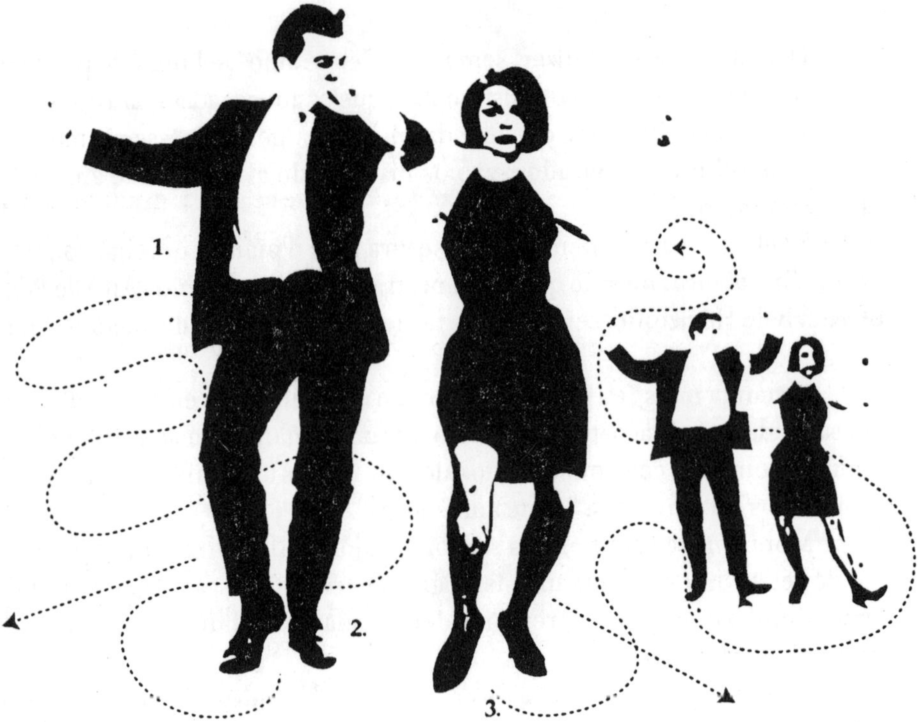
1.
2.
3.

O AMOR acaba, MAS NEM SEMPRE termina

Sim, o amor acaba, é do jogo, mas muita gente se avexa, numa azáfama dos diabos, querendo se jogar do abismo ainda a léguas do despenhadeiro.

O amor acaba, mas tem sempre um "chorinho", como do generoso garçom no nosso uísque.

O mundo anda muito impaciente com as complicações amorosas, como se fosse fácil juntar duas criaturas sob as mesmas telhas da rotina.

É preciso estar preparado(a) para as goteiras, para a hora em que o amor vaza ou pinga no chão da casa e não há balde ou rodo que dê jeito.

No que vos conto, sob a desculpa do encorajamento coletivo, afinal animar a vida besta também é papel de um cronista-fabulista:

E quando imaginávamos que estava tudo acabado, que amor não mais havia, que tinha ido tudo para as cucuias, que o fogo estava morto, que o amor era apenas uma assombração do Recife Antigo...

Quando já dizíamos, a uma só voz, a crônica de Paulo Mendes Campos que repito ao *infinitum*:

"Às vezes o amor acaba como se fora melhor nunca ter existido; mas pode acabar com doçura e esperança; uma palavra, muda ou articulada, e acaba o amor; na verdade; o álcool; de manhã, de tarde, de noite; na floração excessiva da primavera; no abuso do verão; na dissonância do outono; no conforto do inverno; em todos os lugares o amor acaba; a qualquer hora o amor acaba; por qualquer motivo o amor acaba..."

Quando já separávamos, olhos marejados, os livros e os discos...

Quando mirávamos, no mesmo instante, a nossa foto feliz no porta-retratos...

Quando não tínhamos nem mais ânimo para as clássicas DRs – as mitológicas discussões de relação...

Ave, palavra, até o gato, nervoso, sem saber com quem ficaria, quebrava coisas dentro de casa àquela altura; o papagaio blasfemava "diabo verde!".

Estava na cara, naquela fantástica zoologia amorosa: aqueles pombinhos já eram.

O cheiro do fim tomara todos os cômodos, a rua, o quarteirão, o bairro, a cidade, o mundo...

Quando só restava cantar uma música de fossa: "Aquela aliança você pode empenhar ou derreter..."

Quando só restava a impressão de que "eu já vou tarde"...

Quando só restava Leonard Cohen no iPhone da moça moderna...

Quando eu não era mais o cara, embora insistisse em cantar o "I'm your man" deste mesmo trovador canadense...

Sim, o quadro era triste, não se tratava de hipérbole ou demão de tintas gregas.

De tanta inércia, faltava até força para que houvesse a separação física; faltava força para arrumar as malas, pegar as escovas, contar aos chegados comuns, tomar um porre.

Ah, amigo, quer saber quem bateu o ponto final da história?

Ela, claro, você acha que homem tem coragem para acabar qualquer coisa? Mulher é ponto final; homem ponto e vírgula, reticências, atalhos, barrigas de palavras, verbos e orações.

O estranho é que ela não disse, em nenhum momento, que não gostava mais do pobre mancebo.

Aquilo encucava. Porque um homem, disse o velho Antonio Maria, padrinho sentimental deste cronista, nunca se conforma em separar-se sem ouvir bem direitinho, no mínimo quinhentas vezes, que a mulher não gosta mais dele, por que e por causa de quem etc. etc., a longuíssima milonga do *adiós*.

E nesse clima de fim sem fim as folhinhas outonais do calendário foram despencando sobre a relva fresca do desgosto.

Eu acabara de levantar do amigo sofá, que havia se transformado no meu leito, quando ela passou com uma cara de impaciência e desassossego.

Mais que isso: ela estava com vontade de matar gente!

Era a cara que fazia quando estava faminta. Sabe mulher que fica louca quando a fome aperta e a angústia da existência vocifera pelos barulhos do estômago?

Vi aquela cena e caí na gargalhada. A princípio ela estranhou... Mas sacou tudo e danou-se a morrer de rir igualmente. Nos abraçamos e rimos e rimos e rimos e rimos daquilo tudo, rimos da nossa fraqueza em não dar uns nós nos clichês – inclusive o da volta por cima – rimos do nosso silêncio sem sentido, rimos desses casais que se separam logo na primeira crise, rimos da falta de forças para enfrentar os maus bocados. Rimos, rimos, rimos.

Rimos da preguiça sentimental da humanidade e nos esbagaçamos de amor no chão da sala mesmo.

E um casal que ainda ri junto tem muita lenha verde para gastar na vida e fazer cuscuz com carneiro e outros banquetes nada platônicos movidos a bagaceiras, alentejanos sagrados e salineiras aguardentes.

Agora ela está deitada, linda, cheirosa, gostosa, psiu!, silêncio, ela dorme enquanto escrevo essa crônica.

A MORTE NÃO PASSA DE UMA RESSACA SEM EREÇÃO

A morte é apenas uma ressaca fatal, caro Lou Reed, uma ressaca de domingo para evitar a falta de jeito com a vida de segunda.

A derradeira ressaca sob o sorriso cretino da Velha da Foice, a Velha da Foice em suas versões nordestina brasileira ou mexicana – dois mundos que tiram onda com a ideia de morte.

Como lembrou o colega Ivan Finotti, a primeira canção do seu álbum inaugural, de 1967, se chama justamente "Sunday Morning".

Só acredito no supersticioso deus das coincidências. Não à toa morrerias nesse dia.

A ressaca perfeita de um dia melancólico para partir desse lado selvagem como em um teletransporte. A doce paz mortal da ressaca domingueira.

O sol nunca mais te perseguirá, *viejo* Lou, pelas frestas do domingo. O mesmo sol que fez o carinha assassinar o árabe na praia da existência de messiê Camus, esse outro monstro da canção silenciosa.

Tempo de assassinos.

A morte não passa de uma ressaca sem ereção – por que ficamos tão excitados de ressaca, Mr. Velvet? Eis um dos mistérios da humanidade, e a Laurie sabe do que estou falando.

A Lena chorou ao se lembrar de um dia perfeito em que te fez uma pergunta em uma coletiva. A Lena me disse: "Francisco, escreve algo sobre morrer mais um pouco aos domingos ou algo semelhante." Foi o que entendi nos seus lábios sem o gloss das fracas bocas que fogem dos encontros.

A ressaca depois dos cinquenta, *viejo* Lou Reed, é uma dengue existencialista. A ressaca fatal é como a beleza que senta no joelho do poeta Rimbaud e passa.

A morte rebobina o VHS com a ferrugem e a fita enrolada das nossas trajetórias.

As manhãs maldormidas e infinitamente vividas com Ligia nas bordas do Parque da Aclimação pediam Lou Reed e a manteiga dos últimos tangos.

Voltemos ao teu concerto em São Paulo, 1996. Havia passado o dia correndo atrás de um corrupto — retrato deste cronista como ainda jovem repórter investigativo — e com um ácido, presente da Fofa, passei rapidamente para o lado selvagem do entendimento.

Walk on the wild side.

Em livre tradução: amava uma arisca índia que se alimentava de jungle music e desconfiança com os passos de urso do seu homem.

Bem antes, *viejo*, havia colhido flores vagabundas pelas ruas do Hellcife e comprado um vestido vermelho para uma dama. Com as flores em um saco plástico a levei ao hotel mais barato do Centro. Enchi a banheira com as banalíssimas fulorzinhas e botei uma fita cassete com "Stephanie says", a minha predileta do Velvet Underground.

Como esquecer uma tarde, Dom Lou Reed, em que a invenção amorosa lembra a morfina e o torpor?

A morte é apenas uma letal ressaca, amigo, uma ressaca na qual a vida vai sumindo lentamente como em uma fusão do lado claro com o lado escuro.

Uma ressaca cuja intensidade nos livra daquela falsa promessa de ser outro homem, de se regenerar e tantas outras juras.

A morte é uma bela e fatal ressaca à prova de mentiras. *Vicious*.

Sim, Stephanie, às vezes a gente entrega parte da vida a pessoas que só odiamos bem lá na frente.

É, caro Lou Reed, o amor é o sol que sapeca, quando menos se espera, a retina e os cílios postiços da descrença.

Mulheres cronicamente
HIPERBÓLICAS

"Amigaaaaaaaaaaaaaa!!!"
Engraçado a forma como as mulheres se cumprimentam hoje em dia. Sendo amiga, colega ou simplesmente conhecida, é aquele confete:
"Ma-ra-vi-lho-sa!", diz uma.
"Magra!", responde a outra.
"Nãoooo! Para tudo!", prossegue.
"Gêniaaaaa", emenda.
É como se a vida se passasse nos salões do Grande Gatsby, o livraço, o filme, o espírito da coisa.

E por aí, verdadeiro ou falso, segue o samba-exaltação cheio de detalhes, com elogios anatômicos, elogios à roupa, aos acessórios, ao trabalho da outra etc. etc.

É um tal de "arrasa" para cá, "arrasa" para lá, "tá, meu bem" etc. etc.

Léo Jaime, o homem da fórmula do amor, me mata de rir falando sobre isso.

Bichaaaaaa!!!

Noite dessas, na companhia da amiga Manuela Dias, que me chamou a atenção para o fru-fru dos cumprimentos, me diverti deveras. Era uma festa moderna, de cinema, uma festa imodesta, *por supuesto*. Então já viu, né: *bas-fond* sem fim, além da conta, rasgação javanesa com certeza.

É fácil entender que o novo código do cumprimento feminino tem muito do repertório gay. Muita influência mesmo.

E não é uma coisa apenas dos artistas da TV e do cinema, embora eles carreguem nas tintas. É geral. Nas ruas observo os mesmos encontros esbaforidamente malucos.

Dá para saber quando é falso e quando é verdadeiro? Não consigo nem chegar perto de tal julgamento, sou *mui* lesado para tal fiscalização da natureza humana.

Você, amiga leitora, saca? Ou a graça seria embutir um tanto de ironia e falsidade mesmo?

No cumprimento dos homens é fácil demais decifrar a parada: ora, quanto mais estúpido, mais carinhoso. O pior é que é isso. Quanto mais amigo, mais adotamos um jeito tosco de lidar com as palavras.

Homens cronicamente TOSCOS

Muito engraçado como os homens se cumprimentam. Um dos costumes imutáveis da natureza do macho. Seja em inglês, paulistês, carioquês, nordestinês, mineirês ou na língua dos esquimós. É de uma delicadeza de fazer corar o Charles Bronson.

Já tratamos aqui deste mesmíssimo tema. Hora oportuna para relembrar.

No *Gran Torino*, filmaço, Clint Eastwood – diretor e ator principal – dá uma aula ao seu pequeno pupilo sobre as saudações iniciais nos encontros dos cavalheiros. De morrer de rir.

Falo da cena da barbearia, que não é capital no enredo, mas injeta uma cápsula de testosterona no filme digna dos grandes faroestes. O durão Walt Kowalski (Clint), veterano da guerra da Coreia, mostra para o adolescente como adentrar o recinto e cumprimentar o barbeiro.

"Seu italiano ladrão de merda" é o mais agradável dos tratamentos que se ouve na pedagogia do velho. O Sr. Walt treina o guri, que entra e sai do estabelecimento, repetindo a lição. O barbeiro responde à altura. "Seu china miserável, eu acabo com a sua raça". Uma onda.

Assim é no dia a dia: encontramos um chapa, amigão mesmo, e detonamos.
Temos várias formas de esculhambá-lo carinhosamente: pelo seu lugar de origem, pelo seu time do peito, pela sexualidade, pelo chifre, tamanho da pança, pela donzelice propriamente dita — caso dos queijudos, criaturas que têm dificuldades imensas no acesso às mulheres.
Tudo é motivo para a gozação, o chiste, a pilhéria, a greia, a fuleiragem social clube propriamente dita. É, macho, a gente não cresce nunca nesse aspecto.
Entre as mulheres é essa cascata de elogios, como vemos. Quantas cataratas de superlativos. Magérrimas, poderosérrimas...
Verdadeiras Niágaras ou falsas Sete Quedas? Só vocês serão capazes de decifrar esse enigma para este pobre cronista.

A SOLIDÃO E O FALSO MERCADO AMOROSO

A solidão não vende um picolé de coco.
Daí o massacre da data dos pombinhos no jornalismo e na publicidade, diria o meu conselheiro Acácio.
O dia dos namorados vende de um tudo: é a Vinte e Cinco de Março do amor e da sorte.
Somente o dia das mães — somos todos edipianos, e esse é nosso primeiro romance *caliente* — tem tanto apelo quanto o dia dos namorados.
A solidão não vende um celular pré-pago, não recarrega ilusões baratas.
A solidão não janta fora em um bistrozinho romântico.
Seja a solidão opcional, seja a solidão imposta pelas contingências do momento.
A solidão faz amor consigo mesma.

Seja a solidão espalhafatosa, que chama a atenção do mundo, seja a solidão chique à Greta Garbo – "I want to be alone".

O solitário talvez seja um bom personagem apenas para anúncio de uísque. Como a publicidade feita pelo Bill Murray naquele filme *Encontros e desencontros*, da Sofia Coppola.

Se a vida dói, drinque caubói: renovo aqui o meu velho mantra.

Solitários de todo o mundo, uni-vos.

Não vos deixai abater pelo massacre do verdadeiro ou falso romantismo desse 12 de junho.

O massacre é tanto que alguns solitários se trancam dentro de suas casas diante da ditadura do fofismo.

Calma, não vos deixai sucumbir de véspera.

É só mais uma data de motéis e restaurantes lotados. É só mais chance para os arrastões na capital gastronômica do país.

A solidão não cai no conto do amorzinho-gourmet.

Tudo serve de filosofia da consolação nessa hora.

A solidão não carece de vaga no estacionamento, a solidão não cai no conto da noite-roubada, a solidão se contenta com uma pizza em domicílio. Com muito alho, óbvio, para espantar as más companhias que rondam a área no desespero e na carência da data.

HOMEM QUE É HOMEM AJOELHA

Assim me ajoelhei com um bando de marmanjos, no sagrado solo do bar do Zé Batidão, Jardim Guarujá, Zona Sul paulistana.

O perdão particular, o perdão coletivo e histórico.

Foi bonita a festa, pá, meu caro Sérgio Vaz. Fiquei contente.

Quando você se ajoelha por uma grande causa – e a mulher é a minha devoção única –, o atrito do joelho no milho moral da existência é muito maior do que você imagina.

Arrepio de novo agora enquanto cato milho nesta minha velha Olivetti Lettera 22.

Descer sobre o milho de atos, pecados, violências e omissões. Nem o maior milharal de trabalho escravo das beiradas do Mississipi seria suficiente para aplacar a nossa ficha corrida, tremenda capivara.

O gesto, porém, é bonito. Quando você encosta a velha dobradiça no cimento, o coração pipoca além do simbólico, muito além da sístole e da diástole.

Depois de um sarau da Cooperifa, doze anos de poesia e combate, o poeta Sérgio Vaz anuncia o "Ajoelhaço", evento que acontece sempre na semana da Mulher. Eu bato palmas.

Silêncio!

Vaz puxa em coro em feitio de oração.

O grave da voz do faroeste balança o teto.

De joelhos, na frente das meninas, pedimos perdão pelo conjunto da obra, pelos maus-tratos, pelos maus jeitos, pela quebradeira, pela arrogância, pela macheza, pelo ouvido desatento, por não notar que o casamento está uma farsa, enfim, pela coleção das merdas completas.

É bonito, amigos. Não tem apenas mané simbólico na parada. Se você se arrepia – e isso vale para tudo –, não tem conversa, não tem tese nem antítese, nem agá antropológico. O arrepio é à prova de rótulos e jornalistices apressadas.

O "Ajoelhaço" é uma experiência que deveria fazer parte do currículo da escola dos machos. A velha rótula lanhada – pelo rolimã, pelas quedas de bicicletas, pelos carrinhos do futebol e por outras malasartes apenas físicas – sentirá o baque da dor que deveras carrega na carcaça.

1.

(A).

3.

Dez lições que aprendemos com
VINICIUS DE MORAES

Dez lições que aprendemos com Vinicius de Moraes, professor de existenciais disciplinas, poeta centenário, branco mais preto do "Afro Samba", menino erudito trabalhado na lírica da simplicidade, uma dádiva de criatura, fortuna do Rio, do Brasil e do mundo:

1) Aprendemos que homem que é homem não foge do vínculo afetivo – casou-se nove vezes. Não importa quanto tempo dure o infinito, o que vale é gastar a febre amorosa da maneira mais selvagem.

2) Que só na intimidade é possível alcançar o mais elevado dos erotismos.

3) Que enquanto houver língua e dedo nenhuma mulher nos mete medo, como no seu mantra preferido.

4) Que beleza pode até ser fundamental, mas, como diz em "Receita de mulher", tem que haver saboneteiras e uma hipótese de barriguinha.

5) Que não podemos ser genéricos nem repetitivos nas cantadas, muitos menos nos dizeres e devoções dos enamoramentos. Para cada mulher, um poema ou um gesto novo.

6) Que para ser poeta não carecemos dominar obrigatoriamente a arte de fazer versos; é poeta todo aquele que vive a intensidade sem medo da mulher-abismo.

7) Que é preciso ser generoso com os amigos e, raras vezes, como fez Vinicius, blasfemar contra os bicões desconhecidos que abusavam de aparecer na casa dele para filar um bom uísque. Sim, o uísque, o melhor amigo do homem, o cachorro engarrafado, como definiu lindamente.

8) Que há poesia, mesmo com um filtro melancólico em preto e branco, em torcer pelo Botafogo.

9) Que para viver um grande amor é bom entender que "conta ponto saber fazer coisinhas, ovos mexidos, camarões, sopinhas, molhos, filés com fritas, comidinhas para depois do amor".

10) Que não amar com medo de sofrer é a maior das bobagens, é querer se vacinar contra a angústia da finitude, como se fosse possível sair vivo do amor ou da vida.

UMA HIPÓTESE DE BARRIGUINHA

Para Camilla Demario, que soprou o tema

As muito certinhas que me desculpem, mas uma hipótese de barriguinha é fundamental. O umbiguinho é mais embaixo e lá eu explico.

O que importa é que chegamos ao grande dia do centenário do poetinha, esse carinhoso diminutivo capaz de abarcar todas as hipérboles do mundo das mulheres.

Como é lindo uma fêmea hiperbólica criada na mamadeira do exagero ou no mimado danoninho do quero mais.

O poetinha, diz o jornal, sempre rejeitado pelos acadêmicos. Azar dos acadêmicos. O poetinha recitado em qualquer esquina de Ipanema, Copacabana, Conceição do Mato Dentro ou no cabaré de Glorinha, lá no Crato.

E nesta data querida, uma crônica sobre o verso mais genial do único Vinicius do planeta que não tem acento no "i".

Ao mais genial dos versos desse bravíssimo libriano: "Que haja uma hipótese de barriguinha!"

Um verso que ninguém dá muito por ele, um verso que fica escondido, como quem murcha o abdome para foto.

Fui alertado para tanta e humaníssima beleza por Camilla Demario, uma amiga de São Paulo, jornalista, filha de cirurgião plástico, se a memória não me lasca.

Que haja uma hipótese de barriguinha! Nesse verso acertou em cheio. Depois de nove casamentos, o cara era um safo.

É preciso que haja, pelo menos, uma hipótese de barriguinha. Palmas, poeta.

Aquela secura de tudo, além de fora da realidade anatômica, não é apreciável. Chega de barriga negativa. Negativo aqui em casa é tão somente o saldo bancário.

Chega de tábua. Isso é coisa boa apenas na passarela, como mulher-cabide para os estilistas.

Que haja aquela dobrinha quando a mulher se senta! Uma dobrinha, não. Várias. A realíssima dobrinha da fêmea. Espetáculo.

E que não fique apenas na hipótese. Que haja uma barriguinha mesmo! Um ensaio de, pelo menos.

Pelas mulheres reais. Sem lipo, mas com muito desejo e outras aspirações.

Todo o segredo está na capacidade de safadezas, nunca no tamanho ou no peso. E a safadeza está sobretudo no olho.

Sem imperfeição não há tesão, que me perdoem as muito certinhas da praça.

E fica o mantra, pela milésima vez, à guisa de educação sentimental aos moços, pobres moços: homem que é homem não sabe nem procura saber a diferença entre estria e celulite.

NÃO HÁ MICRO-ONDAS PARA O AMOR, *baby*

Não há micro-ondas para o amor, baby. Ou, melhor ainda, era uma vez um homenzarrão carente e a comida de caixinha.

Nada como um homem carente para despertar tanto o desejo, para despertar o espírito materno, para despertar o tesão propriamente dito e todo o sentimento difuso de uma mulher em uma esquina.

Mesmo que uma mulher razoavelmente satisfeita e bem-resolvida, até onde se pode estar resolvido neste planeta, caso da minha vizinha W., por exemplo.

Ai de mim, Copacabana, com minhas vizinhas lindas e falantes que me presenteiam com suas crônicas de vida vivida, a vida sem antisséptico para tirar o gosto da existência da boca.
   A vida narrada na esquina do Papillon, *por supuesto*.
   Um homenzarrão carente, ela aponta. O cara passa. Deixa os dois beijinhos de face mais tímidos do universo e segue. De cara parece um desses estranhos no paraíso de Copa, um estrangeiro de filme de Jim Jarmusch.
   Os dois beijinhos quase sem contato com a pele. E W. toda toda. Acabara de voltar da praia, e bem sabemos como o mar atiça a libido de Netunos e de Iemanjás.
   O cara, um homem correto na faixa dos seus quarenta, passa com a sua sacola descartável rumo ao supermercado. Mal mira nos olhos da moça.
   No que ela, em brasa, decide:
   "Vou atrás desse infeliz agora mesmo!"
   Beth, a outra amiga da roda domingueira de Copa, explica:
   "É tesão antigo; ela enlouquece. E nunca tiveram nada. *Never.*"
   W. não se conforma de vê-lo tão carente e sozinho. O desejo por misantropos e esquisitões.
   Ficamos entretidos com o agito da Parada Gay nas redondezas. Cinco minutos depois, de dentro do supermercado, W. narra para a amiga:
   "Não me conformo com esse homem na prateleira das comidas de caixinha para solitários."
   Realmente é dolorosa a seção de comidas semiprontas em porções individuais.
   Ela prossegue:
   "Vou arrancar esse bofe dali e preparar um banquete na minha casa, não me conformo!"
   "Te *juega*, quenga", Beth dá corda.
   Ai de ti, Copacabana.

Uma meia hora depois voltam os dois juntos. Ficam para uma cerveja. Ela diz que não suporta ver ninguém comprando comida quase pronta. Principalmente aos domingos. A mais completa imagem da solidão domingueira.

"*No pasa nada*", diz ele.

W., o cúmulo da intimidade, pega a sacola descartável do cara e expõe os rótulos da mais explícita solteirice ao boteco. Ah, essas desavergonhadas amigas de Copa.

O melhor é que era de doer mesmo. Melhor ainda que o misantropo da Rua Leopoldo Miguez não estava nem aí para a coisa. Apenas ria sem graça.

O melhor do melhor de tudo é que W. arrastou o homenzarrão carente para a casa dela, ali na frente, donde passou novo torpedo para a amiga, algum tempo depois:

"O esquisitão é *slow*, devagar mesmo. Mas, quando funciona, valha-me Deus!"

E assim acaba mais uma história de solidão em Copacabana. Não há micro-ondas para o amor, baby.

O fim do 69 COMO PRÁTICA SEXUAL

Como já dizia Malba Tahan, o homem que calculava, o 69 é a matemática da fome mútua.

Na tabuada do amor e do sexo, o 69 é par, jamais ímpar, a bela vida de ponta-cabeça.

Cabe a este velho cronista de costumes, na falta de pronunciamento da crônica fofa brasileira, denunciar o fim, digo, quase o fim, da prática do meia nove — esta originalíssima posição que faz parte da educação sentimental do brasileiro.

Óbvio que os tarados *roots*, os perversos de raiz, seguem o jogo erótico das antigas. O 69, porém, é cada vez mais raro como procedimento clássico de alcova, meu caro amigo Bataille.

Ouvi muitos chegados e fontes insuspeitas sobre o assunto. O Databotequim também confirma a tese.

O 69, para quem nem mais recorda o Kama Sutra básico, consiste no sexo oral simultâneo: ele n'ela, ela n'ele, tudo ao mesmo tempo agora.

As novas gerações simplesmente ignoram tal ambição de linguagem.

A falta de sexo oral, aliás, independentemente do tipo ou da posição, é queixa generalizada do mulherio.

Aprecio, mas nunca fui um fã número 1 do 69.

Sempre preferi fazer a minha parte, de forma devota e esmerada, e, em caso de merecimento – sexo oral é merecimento –, receber a parte que me cabe no banquete homérico.

Franciscano, sempre acreditei mais no é dando que se recebe do que na oração simultânea.

Fico triste, porém, com o fato de o 69 estar obsoleto, esquecido. Triste como cronista de costumes, melancólico na condição de homem.

Datou. É prática dos anos 1970, 1980. Já era – soa a trombeta do Apocalipse.

Apreciemos ou não o 69, tal geometria do desejo não pode cair assim em desuso.

Esquece. O 69 está fora de moda – a trombeta bíblica soa outra vez.

É o que também falam alto pelos botecos.

A voz rouca das ruas e dos céus das bocas idem, idem.

Pobre 69.

Tenho dúvidas, digo, quero provocá-los: procede tal extinção do clássico, da posição mais praticada nos motéis até os anos 1980?

Juro que deu vontade de ressuscitá-la com minha deusa.

Ressuscitá-la calmamente, dizendo "vem cá, meu bem", essas delicadezas perdidas.

Urge resgatar a tal extinta prática.

Há sempre algo bonito em uma esquecida prateleira do museu do sexo. O silêncio do sexo oral simultâneo. O sexo cinema mudo.

Nada a dizer e tudo sendo bendito.

Amor que carece de explicação e legenda não merece tal nome. Viva o amor calado ou apenas gemido!

Por derradeiro, divido a interrogação do susto: o 69 está quase extinto mesmo ou é exagero do cronista?

TODO DESESPERO POR AMOR E SEXO É LEGÍTIMO

"Vícios não são crimes", me bate aqui, na cabeçorra nordestina, o belo título do livro de direito que mais aprecio no mundo, o de um cara chamado Lysander Spooner, escrito ali na segunda metade do século XIX. Um gênio abolicionista, anarquista e jusnaturalista da América do Norte.

Se vícios não são crimes, imagine, minha linda, os desejos, os sentimentos.

Todo desespero por amor é comovente.

Todo desespero por sexo, igualmente – o desespero, na maioria das vezes, sequer sabe onde começa um e prossegue o outro.

Repare no episódio dessa moça de Belo Horizonte que pendurou faixa na rua e tudo para reencontrar um parceiro de uma sala de bate-papo da internet.

O apelido do cara na rede: Bonito.

Deve se achar a última costelinha do estoque do restaurante Dona Lucinha; deve se achar o último torresmo da cozinha mineira, a última cachaça de Januária, o último pote de doce de leite de Viçosa...

Não vem ao caso. É fantasia. Está valendo. Deixa o menino brincar como queira.

Muitos amigos viram a história como golpe de marketing da moça, seja que utilidade tenha essa exposição no reino da Carençolândia explícita. Outros simplesmente ignoraram até agora a notícia: têm coisas mais graves para se preocupar, como os embargos infringentes do STF, a nossa Suprema Corte ou a "crise" do Corinthians.

Algumas amigas leram com a lente óbvia e azulada do clichê: falta de homem no mercado. Tenho as minhas dúvidas. Da Mooca por diante não falta homem, para ficarmos na geografia paulistana.

Diante da faixa desesperada da moça do bairro de Santo Antônio, Belo Horizonte, matutei, capinzinho metafísico entre os dentes, sobre encontros & desencontros, os flertes sinceros, mesmo os fugazes, mesmo os virtuais ou aquelas silenciosas e realíssimas trocas de olhares na noite.

Em tempos "mudernos", criaram até sites, como o Segunda Chance, dedicados a procurar essas criaturas passantes que, por loucura, desespero ou bela fantasia de ficcionista, julgamos como os amores das nossas vidas. Nem que seja por cinco minutos.

Com ou sem as geringonças tecnológicas ou a fácil e automática busca no Facebook, o mundo sempre foi assim. Em Minas ou no Texas, meu velho Carlos Alberto Prates Correia.

O Bertrand, por exemplo, o homem que amava as mulheres do filme do Truffaut, viu apenas as lindas pernas de uma mademoiselle que entrava apressada em um carro.

O conquistador só teve tempo de anotar a placa do veículo em um maço de cigarros Gitanes. Lembro o número até hoje porque ganhei no jogo do bicho um dia depois que fui ao cinema do Parque, no Recife: 6720 RD 34. Joguei a milhar inicial. Cachorro na cabeça, mas só acertei a dezena.

Só sei que Bertrand acabou batendo no carro da moça, de propósito, em um estacionamento. Seria a única forma de reencontrá-la, mesmo que por meio de um processo. Deu azar. A proprietária era outra francesa, uma prima. Não teve dúvida: ficou apaixonado por ela também, o que custa?

E assim, comovidos, seguimos. E assim, desesperados ou não, gastamos nosso calendário na Terra. O bom é ter sempre um suspensezinho amoroso ou sexual para aliviar o trabalho e os dias.

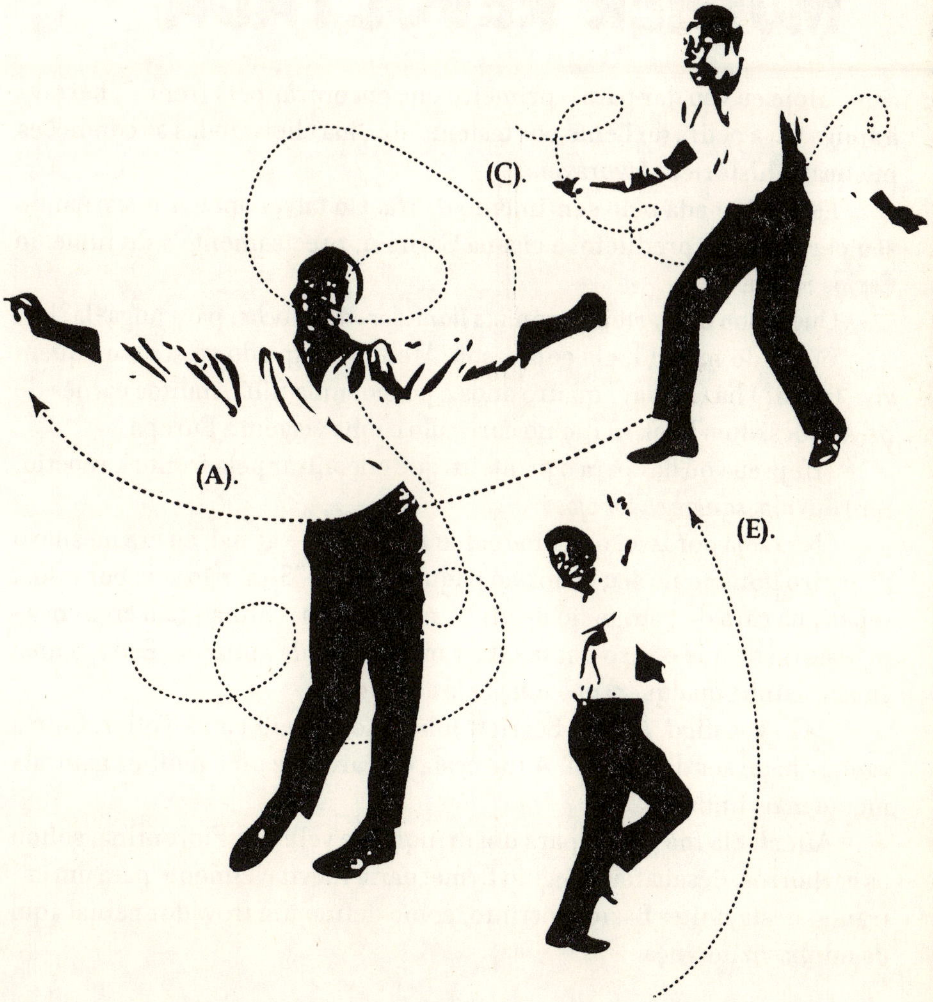
(C).
(A).
(E).

Nada detém uma MULHER REVOLTADA

"Hoje eu vou dar para o primeiro que encontrar pela frente", berrava a amiga G., a pedra do Leme por testemunha, lua cheia, todas as condições místicas e históricas favoráveis.

Estava tomada pelo sentimento da ira. Ou talvez apenas encarnando seu personagem predileto: a cigana Carmen, precisamente a do filme do Carlos Saura.

Quem sou eu, rasteiro cronista *flanador en la noche*, para julgá-la?!

Culpa do marido, ela confessou. Melhor, culpa do traste com quem vive (vivia?) há (havia?) quatro anos e pouco, uma filha, muitos carnês de prestações, dois Rock in Rio no currículo e uma viagem à Europa.

"Hoje eu vou dar para o primeiro que encontrar pela frente", repetiu, zero dúvida, *sangre en los ojos*.

"Não seja por isso, ora", me coloquei no jogo – afinal, eu era mesmo o primeiro homem no seu caminho naquela noite. "Sim, não seja por isso", repeti, na cara de pau, meio de onda, meio à vera – afinal, não creio nessa história de que o sexo possa estragar uma grande amizade. Estraga uma amizadezinha qualquer, não uma bela amizade.

E G., vos digo, é meio Scarlett Johansson, meio Paula Toller. Com a vantagem de ser de Niterói. A travessia da barca faz uma mulher naturalmente mais linda.

Afinal, ela me puxou para um drinque na velha La Fiorentina, soltou os cachorros, desabafou e seguiu firme: daria inevitavelmente para um estranho nesta noite. Básico instinto, como define um trovador genial aqui da minha vizinhança.

Com ira de mulher não se brinca. A amiga G. daria até para o pobre Sizenando a essa altura, só para mostrar, caríssimo Sizenando, que a vida não é assim tão triste quanto se conjetura naquela crônica do velho Braga.

Ninguém detém uma mulher sacaneada. Seja traída por um homem fofo, seja traída por um homem cafa. Tanto faz.

Quer dizer, pior ainda é quando a sacanagem parte de um homem supostamente bom e fiel, o que era o caso do marido ou ex da minha amiga G. Ninguém detém uma mulher revoltada. A essa altura deve estar nos braços de um vagabundo no Galeto Sat's, na sexta caipirinha da coragem, espetando corações de galinha para não esquecer a "fdp da colega de pilates" que firmou um caso com o seu homem, ex, sabe-se lá o destino.

O que interessa, amigo, é que toda noite sai de casa uma mulher irada prometendo dar ao primeiro homem que encontrar pela frente. Nesse caso, quanto mais estranho para ela, melhor e mais apropriado.

Toda noite, amigo, uma mulher sai de casa com a canção de Lupicínio entre os dentes: "Só vingança, vingança, vingança, aos deuses clamar."

A BELEZA DA MULHER QUE VAI EMBORA

Quando não há mais nada a dizer e só o "passa a farofa" quebra o silêncio na mesa.

Nada mais a comentar naquele restaurante barulhento de domingo. Tudo em câmera lenta, uma demora de séculos até a sobremesa. Nem a calda quente de chocolate do petit gâteau aquece aquela mulher triste.

"Passa o azeite."

O homem disfarça o tédio com uma ponta de olho no jogo Portuguesa x Botafogo.

Até o garçom, velho conhecido do casal, sente o drama.

"Passa a pimenta."

Eles não conseguem dizer um para o outro nem que a comida de O Caranguejo está ótima. Não há moqueca que alivie o frio daquelas pobres almas.

Aquele sábado em Copacabana já era. Depois num bar à meia-luz, *nevermore*, esqueça.

Os corpos também já não se entendem nem para esquentar os pés nesse friozinho de agosto.

Não há mais o que ser dito. Só o silêncio ainda os une. Não há sequer DR, a mitológica discussão de relação. Eram viciados nessa prática que os conduzia, inevitavelmente, ao sexo selvagem.

Só o smartphone salva antes de chegar a conta, cada um cabisbaixo no seu mundo. Só o aparelho disfarça o delito de levar o amor àquela condição irreparável.

Não há o que postar no Facebook. Estão em um relacionamento "fala sério". Estão em um relacionamento águas passadas.

Só a inércia segura sob o mesmo teto. Só a preguiça.

O fim do amor dá mais trabalho do que fazer o mundo em sete dias.

Se conheço minimamente uma mulher, de hoje não passa. Ela não suporta mais. Vai desabafar e fazer subir os créditos do filme e o *the end*.

Sim, porque homem só empurra com a barriga de chope e picanha completa. Homem é vírgula e vacilantes reticências. Só uma fêmea crava o ponto final no enredo.

De hoje não passa. Reparo que ela não aguenta. Não há calda quente de chocolate que aqueça o sorvete do desprezo.

Garçom, por favor, a conta.

Ele vai chegar em casa e ligar a TV para o segundo tempo do jogo. Ela vai começar a arrumar a mala.

Ele vai quebrar o silêncio, aos berros, ao terceiro gol do Botafogo. Vestido no mesmo moletom preto com listras brancas que ela detesta. O uniforme oficial do tédio e da rotina.

Ela vai dizer "basta" silenciosamente. Não é possível que ele não repare como andam as coisas, ela pensa. Ela se contorce de raiva. De hoje não passa.
Ela despeja a gaveta de calcinhas numa sacola. Ele liga para amigos que torcem pelo mesmo time. Ele vai comemorar. Ela diz baixinho "vai ver se estou na esquina".
Agora a mesma moça arrasta a mala entre triciclos e famílias supostamente felizes na Avenida Atlântica. Sente o vento frio nos olhos pintados com requinte de vingança e a impressão de que já vai tarde.
Nada supera a beleza do momento em que uma mulher resolve ir embora.

O DIAGNÓSTICO PSÍQUICO

Quase todo mundo hoje tem um diagnóstico, como um crachá pendurado no pescoço.
Além de simpático, neurótico, todo errado, como na bula do *doctor* Jorge Mautner, até este banal cronista já foi enquadrado no transtorno de *déficit de atenção*. Ritalina foi o barato.
Tenho defeitos demais para acreditar apenas em um deficitzinho de gente lesada. Segui com o inevitável e necessário mal-estar no mundo, além do filtro azulado de Miss Melancolia, claro, minha inseparável companheira, principalmente aos domingos, óbvio.
Quem dera ser apenas um lesado devendo atenção ao movimento do universo. Muito poético para quem realmente carece de um *recall* divino da fábrica, embora dona Maria do Socorro tenha feito o melhor possível para o seu rebento.

Chega! Falemos de vocês, leitores. Só sei que todo mundo tem a sua síndrome. Quem não tem de verdade deseja uma a todo custo — em um mundo diagnosticadíssimo, não ter uma etiqueta desse tipo é estar por fora. Ter um diagnóstico é como dizer o signo em começo de namoro para ver se combina. Uma vez revelado o seu diagnóstico à pessoa amada, no entanto, aquele rótulo vai guiar, digo, influenciar a relação. Principalmente as discussões, as famigeradas DRs.

Basta você mudar de opinião, o que é mais que legítimo, para ouvir: "Só sendo bipolar mesmo!" Diante de qualquer piração mínima e comum da existência: "Seu maníaco-depressivo de uma figa!"

Os diagnósticos obrigatórios — ora, todo laboratório que se preze quer nos entupir de pílulas, eis o parque industrial, minha gente — viram uma escravidão amorosa sem fim. Melhor não os revelar assim do nada no começo da história.

Não acha?

Às vezes o pretendente até acha charmoso no primeiro momento, afinal ninguém resiste ao grande festival de síndromes.

Cuidado!

Se você é do tipo que revela logo de cara, em busca de certo desconto com a pessoa supostamente amada, recomendo que dê marcha à ré nessa atitude, apesar de a tarja preta tingir de certezas todo o globo terrestre.

Todo cuidado é pouco. Tudo que era charme no primeiro momento pode virar um inferno. Tudo que era coincidência de diagnósticos e até receitas divididas pode virar um suplício.

E por aí seguem as ofensas científicas. No começo de relacionamento, essas mesmas ofensas, diga-se, funcionam como álibis, licenças poéticas: "Ah, tenho que entender a sua bipolaridade", "Ah, ele é neurótico, quase de guerra, que fofo" etc.

E assim por diante.

Como não entendo nada de psicanálise, embora tenha decorado duas ou três frases d'*O mal-estar na civilização*, do doutor Sigmund Freud, o que me chamou a atenção foi um barraco que testemunhei agorinha em um restaurante de Copacabana.

O estúpido atacava a bipolaridade da gazela, como se buscasse razão para humilhar a moça no diagnóstico. O estúpido babava pelos cantos da boca e ainda se orgulhava de certa normalidade. O estúpido era a própria estupidez.

O mais normal dos estúpidos com sua cara de babaca.

Quando o diagnóstico vira arma de vingança dos idiotas. Era o caso. Fiquei puto.

Não tem feriado no sanatório geral da existência.

O *amor* COMEÇA

Esta semana não tem jeito, esta semana é de conversa com Paulo Mendes Campos. Reler o homem dá nisso.

José Carlos Oliveira, mais um gênio da Cachoeiro de Roberto, do Rubem Braga, do Sérgio Sampaio etc., respondeu a PMC quando este escreveu, em 1964, O amor acaba, um dos mais populares e bonitos textos da literatura brasileira.

Ao reler a resposta, cocei os dedos para rabiscar também a minha versãozinha vagaba. Ei-la:

E quando começa o amor, Paulo? E quando começa o amor, Carlinhos Oliveira?

O amor começa, vos digo, em uma noite de sexta, a noite do pecado por excelência, o amor de uma comerciária que saiu de casa de vermelho, calcinha no capricho, crente que o amor principiaria, ela leu no horóscopo, sagitário seu signo, o amor principiaria, qual o Gênesis, calcinha no esmero, o *fiat lux*, antes do último ônibus, no barzinho, na vida simples da música ao vivo, lua cheia, papel crepon, batata frita, o beijo-ou-não-beijo, será que ele presta?

Em Arcoverde, no sertão de Pernambuco, ao encontrar uma morena de Garanhuns, terra de dezessete tons de morenidade, o amor começa. Era uma morena caldo-de-feijão-vermelho, melanciosa boca, boceta de manga rosa, batismo cítrico, diocesano, vida macuca.

O amor começa em qualquer geografia ou sigla, LSD ou GPS. Na colina silenciosa do Pacaembu, São Paulo, revendo um filme de Cassavetes, com as coisas dos anos setenta. O amor rebobina e reverbera como o replay de ácido que teima não sair do juízo, eternas ondas.

O amor começa, principalmente na Rua da Aurora, Recife, na luz do fim de tarde. Não peça que eu explique; são os mistérios do Planeta.

E quando você menos espera, o amor começa, sabe onde?, no joelho de Camila Pitanga. Um amigo meu, muito tempo atrás, viu que a danada sentia dores no joelho, talvez de um mau jeito na pista de dança. Pegou o gelo do uísque e botou nas dobradiças da deusa. Reacendeu os olhos da marlinda. Se aquele amor não deu certo, problema do amor mesmo. Mas que algo começou naquele instante, ah, santa fagulha!

O amor começa "ah, lá em casa".

Pobre de quem acha que o amor precisa que a fila ande. O amor é mais ligeiro, rápido; o amor é muito avançado; o amor é centroavante em impedimento.

O amor não carece de tira-teima.

O amor está sempre na banheira. Sempre impedido. Como quem ama homem ou mulher casada, por exemplo. Isso não significa que o amor não tenha começado, mesmo de forma proibida; o amor não pede licença; o amor detesta o cartório; o amor cara de pau simplesmente começa.

O amor é tão lindo que às vezes já começa subindo os créditos do filme: uma transa e *the end*. Vai duvidar que era amor o que deveras sente até hoje?!

O amor começa num luau. Costuma ser o amor "cuidado, frágil". Nunca confie num amor que começa com todo aquele cenário perfeito, maré cheia, música hippie, lua idem, tudo no clichê da lindeza.

O amor tem que começar, por exemplo, na contramão; o amor tem que começar em São Paulo para depois evoluir até a beira da praia, uma pousada, o sal marinho que salva os velhos safados, uma metida em pé romantiquinha antes do jantar e da larica, a fome de viver, a perna bamba diante do garçom que pensa "já fui bom nisso".

O amor começa quando o cafa cita na mesa *O amor acaba*.

O amor acaba quando o cafa é tombado e recomeça tudo de novo.

Por essas e por outras é que fico aqui bem paradinho, coladinho, porque se o amor se mexe muito, o amor já era; amar é coisa de Super Bonder; amor é stop, amor é... Parou. Amor é estátua e um gato brincando por cima.

Quem nasceu primeiro: o amor acaba ou o amor começa?

Encaixotando AMORES PERDIDOS

Por causa de uma mudança, estive um pouco ausente aqui do nosso banco de praça. Mudar de casa é uma trabalheira.

Só não é mais complicado do que mudar de sexo. Ou mudar de mulher. Ou mudar de marido.

No que o DJ imaginário solta a trilha "Mudanças", clássico da Jovem Guarda, da Vanusa. A musa recomenda: revirar gavetas, sentimentos e ressentimentos tolos etc. Estou dentro.

Mudar é bronca, mesmo no meu caso, que farei a menor mudança do mundo — apenas um gato e um pen drive com as crônicas do amor louco para eventuais reciclagens.

Perdão, minha mulherzinha amada, levarei também os vinis Burt Bacharach, para dançar de rostinho colado.

O pior da mudança, mesmo com o meu desapego adquirido com a práxis cigana — não com as ilusões do orientalismo de boutique —, é tropeçar nos objetos que marcaram, de alguma forma, os ex-amores.

Sem falar nas cartas no fundo daquela gaveta esquecida, caligrafia caprichada de moça que ama, os beijos de batom impressos para sempre, as promessas, venho por meio desta... A carta de uma romana me mandou uma fábula de Morávia...

Os utensílios do lar também falam alto, repetem antigas declarações, nos lembram velhas dores mumificadas. Aquele escorredor de macarrão que matou nossa fome dominical enquanto nas nossas intermináveis sessões de cine-cama.

Desapego. Cavaleiro solitário vende/doa tudo.

Viva mais um ritual de passagem e mudança. Aqueles lençóis que encobriram nosso desamor final e nossa preguiça de segunda-feira, nossa inércia, o edredom que abafou e adiou o *the end* e os créditos finais do nosso filme.

Solta a voz, Vanusa!

E como a gente guarda coisas que nem sabia tê-las! Assim como cartas, papéis avulsos, recortes sentimentais que julgávamos esquecidos. Qual o quê?! Basta uma polaroide borrada da Cindy para rebobinar um amor que não houve.

É mandar tudo para a feira Benedito Calixto dos amores perdidos ou para a Rua do Lavradio das paixões rústicas, trincadas e envelhecidas.

Mudança é trabalheira por dentro e por fora.

Vamos nessa. Um passo à frente e você não está mais no mesmo lugar, já dizia o filósofo do mangue.

DO TESÃO DE NEM TOCAR NA MULHER ADORMECIDA

Para Rosa Ferraz

Tu apagaste na minha sala – nossa tertúlia de fumos, vinhos & vinis – e só me restou fazer como aquele velho do livro japonês.

Se soubesse tinha cortado a água que passarinho não bebe. Não, isso não se faz com uma gueixa que ama os pássaros traupídeos, os assanhaços.

Te olhei a noite inteira como mirava aquele ancião da casa zen das belas adormecidas.

Sem poder tocá-la.

Te olhei como nunca. Cada fiozinho da sobrancelha. E olhei os fiozinhos das entranhas como um cego lê em braile por debaixo dos lençóis.

Havia um laço na calcinha, desenlaçável até para o mais ágil dos caubóis laçadores de mustangs.

No que fui com a mão esquerda rente aos pelos, mas erguendo a calcinha aos céus possíveis, na contraforça da lei da maçã de Newton, de modo a não a tocar de forma alguma.

Não era a hora do fatal descuido. Mulher tem hora, minuto, segundo. Aprendi com minha gatinha de quatro patas, a Deli, que existe o momento certo para ter uma fêmea colada com Super Bonder na sua costela.

Nada dá mais tesão do que chegar à menor distância possível de uma pele. Sem tocá-la. O silêncio engasgado na respiração mais profunda.

O suspense.

O suspense de que alguma buzina de contrariedade e angústia – de cidade grande e perdição, idem – te faria abrir os zolhinhos a qualquer espanto ou junguinismo sonhento.

Nem.

A um centímetro dos mamilos. De olhos bem fechados. Vi o direito crescer de modo a relar meus dedos, no que recuei uma coisinha de nada possível.

Os pelinhos das coxas, eriçados, ressuscitaram de todos os salões depilatórios e difamaram a cera negra espanhola. Senti os pelinhos quase a tocar a linha da vida da minha mão torta.

Eras a giganta de Baudelaire crescendo nas retinas das minhas impossibilidades morais.

A arte zen de andar na bicicleta dos aros dos meus óculos, as duas rodas que movem moinhos, os sonhos que explicam um conto de Cortázar.

Estive a meio centímetro da tua vulva indecifrável, bonito desenho sinuoso, labiríntico; estive a meio centímetro, a décimos de nonada, com todos os dedos, inclusive o anelar médio da nossa futura aliança que já brilha no infinito.

Amei, porém, aquele tão longe tão perto como a melhor das penetrações do mundo.

Era preciso perceber o que separa um homem acordado e uma mulher desmaiada.

Agora o travesseiro me diz todas essas coisas e sabe separar teu cheiro nas minhas narinas dos cheiros à prova das melhores lavanderias do universo.

Não tocar é estar mais que dentro.

BRAD E O PORTEIRO DO PREDINHO ANTIGO

Um dia até bonito para São Paulo e o porteiro do predinho antigo blasfema, afinal a vida não é apenas um boletim meteorológico.

O porteiro xinga o galã na capa da revista.

"O cara com um mulherão daquele, cheio da grana, pode pegar quem quiser, não sabe o que é vida ruim e fica choramingando", descasca. "Mal--agradecido!"

O "mulherão daquele" é ela: Angelina Jolie.

O cara é o cara: Brad Pitt.

Seu Marcos reclama do mi-mi-mi do galã, que reflete, em entrevista à *Alfa*, sobre os 50 anos de vida. O galã pensa e repensa a vida.

Também na casa do meio século, o bravo corintiano do predinho antigo sapeca:

"Nem porteiro o cara é e fica se queixando de besteira."

Para um macho-jurubeba, o drama existencial de Brad Pitt realmente não merece crédito.

Sob a fumaça do cachimbo de Freud, no entanto, a reflexão do galã é mais do que válida, afinal ser rico, poderoso, bonito e ter uma fêmea daquela sob o mesmo edredom não implica uma felicidade automática.

Que triste deve ser acordar com aquele bocão de bom-dia e dormir com aquele bocão de boa-noite! Rio com o porteiro. Que triste.

Que tédio!

Até o seu próprio vinho o casal-buquê fabrica. Um rosé de intenso aroma floral e notas de morangos e framboesa, seja lá que diabo isso signifique.

Ô dó, ô vida!

É, seu Marcos, prefiro ser John Malkovich a ser este reflexivo Brad Pitt.

É muita falta de Deus no coração, né, seu Marcos?!

Prefiro a minha carranca agradecida, seu Marcos, afinal a beleza é passageira e a feiura é para sempre, como me sopra aqui, mais uma vez, o amigo Serge Gainsbourg.

AMOR É FILME QUE VAI *melhorando* COM O TEMPO

Com toda a licença deste mundo, hoje quero escrever sobre uma coisa muito estranha. Como se fosse aquele filme que a gente vê e gosta, mas não dá tanta bola, e eis que aquele filme vai crescendo na nossa mente.

Assim como aquele encontro, aquele beijo, aquele sexo que não foi monumental naquela hora...

Passado algum tempo, como a hora do almoço, a fome de viver, essas coisas, aquele encontro, aquele beijo, aquele sexo aparentemente mais ou menos vai crescendo na nossa vagarosa mente...

Assim são alguns filmes; assim são os encontros, os sons arrodeados, as *nouvelles vagues*, Irma Brown dançando um jazz no Iraque, Hellcife, o mundo ao rés do chão dos pobres cronistas carapuceiros.

Marcha à ré ao tema da crônica: assim como existem filmes, peças, obras de arte que vão crescendo no juízo depois de vistos, assim é o encontro de um homem e uma mulher, *por supuesto*.

Sabe aquele filme do John Cassavetes que você nem entendeu direito, *Uma mulher sob influência*?

Assim às vezes é o amor rápido, o sexo por acaso, a vida ordinária, a pegação com quem você nem imaginava...

Aquele filme que vai crescendo na mente e vira um grande amor de verdade.

Viver é ver um filme que surpreende.

Um filme que vai tomando juízo e entranhas.

Aquele filme que vai crescendo na cabeça a cada minuto.

Depois daquele beijo, o *blow-up* que vira *blow job*, o filme-cabeça que descamba e derrete o queijo do homem da meia-noite, o cidadão comum coalhado de amor por dentro.

Coisa marlinda quando uma simples fodinha cresce na nossa cabeça no dia seguinte como um "viva a imaginação" num muro de Paris meia oito.

O grande sexo é aquele que a gente não dá muito por ele no momento e ele vai crescendo de narrativa, na cabeça, qual um Hitchcock n'*O terceiro tiro* — o melhor filme do mundo todo.

O grande amor também assim se parece. Viver é o enevoado das acontecências, ver uma coisa e atirar noutra, e vice-versa.

Amar é um filme que vai melhorando a cada minuto depois que a gente sai da sala escura.

Como se fosse um filme de Godard ou de Antonioni. Será que foi bom mesmo?, eis a senha sensorial de responsa judiando o juízo da manhã tapiocosa.

Alguns encontros de nada viram grandes cinemascopes no cocuruto. Vem, gostosa!

O DOMINGO não dá folga AOS CORAÇÕES

Você passa, de carona, involuntariamente, na frente da casa dela(e). O GPS do amor ainda mal resolvido berra qual um cabrito montanhês desmamado.

Você acha que está resolvido(a) e encara, na *buena*, o almoço no restaurante que sempre ia com a(o) ex. Na sobremesa, a mousse da melancolia amarga deveras no céu da boca.

É o domingo que pega da entrada ao café da despedida.

Repito: é o domingo que pega principalmente para quem perdeu o amor há pouco tempo.

É o domingo que lasca.

Você pega a bicicleta, ventinho no rosto, maior sensação de que está liberto(a), ali na rota da ilha do Recife Velho... Quando dá fé, o traste da(o) ex, que nunca dera uma pedalada na vida ao seu lado, todo(a) fosforescente na companhia de uma biscaite-sáude!

É o domingo que pega na ciclovia dos amores perdidos.

Não tem jeito.

Ficar guardado em casa é pior ainda. A(o) ex virá nas fibras ópticas, na frase de um livro, nos objetos cortantes, nas peças de cama, mesa e banho.

A culpa é do domingo.

Durante o jogo de futebol, nós, os cavalheiros das mesas redondas, ainda abstraímos um tanto. O time do peito divide a caixa torácica com as sístoles e diástoles de um amor que nos bateu a porta.

Para a mulher, o domingo é ainda mais difícil. Mesmo que vá ao cinema com um delicado moço que tenta lhe agradar e ocupar o posto dos combustíveis sentimentais da existência.

Alguma coisa muito besta do novo candidato não lhe agradará. Ele come pipoca de um jeito horrível, por exemplo.

Se fosse outro dia qualquer, passaria, mas acontece que é domingo.

É o domingo que fode, data vênia, com o devido perdão pelo verbo.

É o domingo que lasca feito maxixe cortado em cruz.

Não adianta disfarçar nos salões da SP Arte, como tentou uma amiga que acaba de me ligar em lágrimas. Óbvio que encontrou o vagabundo decifrando algum abstracionismo para a lesa Lolita do Liceu do bairro.

É o domingo que pega. Agora você devora a pizza da ansiedade e se ilude com folhinhas de rúcula por cima. Não adianta. Não é por estar cheinha ou magricela que a vida a desfavorece nessa maldita hora.

É o domingo que, no seu sonso e inocente silêncio, maltrata qual uma furadeira elétrica.

Para quem se achava curado(a) de um amor perdido, o melhor é que a maldita segunda-feira – o trabalho e os dias, santo Hesíodo! – dê logo as caras.

1.

2.

3.

4.

LIQUIDAÇÃO DO(A) EX NA XEPA AMOROSA

O que leva alguém, mesmo ainda muito novo, a rifar o ex ou a ex nos classificados de relacionamentos?

Na visão dos jovens proprietários do site recomendeumex.tumblr.com, o negócio é "uma chance de transformar a culpa ou o remorso daquele pé na bunda em felicidade".

Não seria melhor ir ao confessionário mais próximo, pedir perdão ao papa Chico ou subir a escadaria da Penha de joelhos?

Se é por uma questão de culpa ou generosidade cristã...

O cara despacha a moça e, perversamente, ainda a anuncia, sem avisá-la, no leilão dos desesperados, na xepa da feira amorosa?

Sei que pode ser o inverso. Se bem que isso é mais arte da canalhice, ingênua ou não, dos mancebos.

Como você se sentiria, leitor(a), ao saber que, além de um tremendo pé na bunda, o(a) autor(a) de tal desgraça ainda rifou teu coração em um anúncio público?

Mesmo que a(o) ex seja do tipo atração fatal e faça apitar todas as panelas da pressão.

Isso não são modos.

Como você é bonzinho(a), hein? Talvez você seja daquele tipo que atira no despenhadeiro, mas antes dá um terno beijo na testa e sussurra, cínico, "espero que você seja muito feliz".

Deixa a moça ou o moço viver o luto amoroso ou o legítimo luto da vingança, vingança, vingança.

Porque um cara ou uma mulher que é capaz de expor um(a) ex a tal vexame merece toda a praga da canção de Lupicínio Rodrigues, o gênio da dor de cotovelo.

Merece rolar como as pedras que rolam na estrada, sem ter nunca um cantinho seu, para poder descansar.

OBA-LA-LÁ, O CORAÇÃO

Tudo bem: os opostos se atraem. Mas é com o jogo das coincidências que começa um amor.

Estou amando? Ainda é cedo, amor, para saber de tais profundidades.

O que podemos dizer, na largada, em coro grego é o seguinte: não estamos nos conhecendo, estamos nos coincidindo.

Nossa, você também curte a Wislawa Szymborska? Que máximo! A incrível e sóbria senhora polonesa com nome de vodca é uma grande poeta: pega uma coisa bem difícil e torna o sentido mais simples que a arte de beber um copo d'água.

Szymborska, Leonard Cohen, cinema neopaquistanês... Seja lá que diabo for o assunto, lá estão os pombinhos arrulhando sobre as preferências comuns.

Pornochanchada dos anos setenta, as crônicas de Paulo Mendes Campos, a banda Cabaret Voltaire, dias chuvosos ao invés de dias ensolarados, Murakami, comida com muito alho etc. etc.

No início era o verbo das coincidências...

Ah, não, não acredito que você também estava no show do Bowie no Parque Antarctica?!

Até aquilo que você, metido(a) não confessa, por vergonha de parecer brega ou cafona, como se derramar com aquela do Leandro & Leonardo: "Sabe, quanto tempo não te vejo!/Cada vez você distante,/Mas eu gosto de você,/Por quê?"

Sam Peckinpah, nossa, aquele uso da câmera lenta na hora dos mais brutais assassinatos... Não tem fim a lista do gosto acasalado.

Óbvio que quem abriu os trabalhos das mil e uma coincidências foi a Nina Simone. O tema quase inicial e a trilha da primeira noite que ficaram juntos. Na dúvida, as moças bacanas amam mandar uma Nina Simone na vitrola quando recebem um bofe. É sem erro.

Só para não dizer que é tudo combinadinho, vez por outra uma discordância inofensiva: tipo assim... Ele é mais Chico, ela é todinha Caetano; ele, Rolling Stones; ela, Beatles – e assim pequenas oposições. Nada grave.

Eles tocam de ouvido: "é o amor o oba-la-lá, oba-la-lá, essa canção".

Eles têm dúvida se amam ou odeiam João Gilberto. Um fica esperando a opinião do outro, para poder bater o martelo dos pregos coincidentes nos intervalos dos "abraços e beijinhos e carinhos sem ter fim".

Oba-la-lá, o coração...

Prato predileto? Para não arriscar assim de cara tergiversam e falam do roubo nos preços dos restaurantes do Rio e de São Paulo.

Ele diz: "Tem um livro ótimo pra gente escapar disso." Ela sapeca, sorrisão de garota esperta: "O *Guia da culinária ogra*, do André Barcinski?"

Eles gargalham, eles se amassam, eles correm o doce risco de um atentado ao pudor. A coincidência, para o moço, é o genérico do Viagra. Tesão puro.

Eles nem carecem dizer "ainda estamos namorando", "estamos em um relacionamento 'fala sério'", "estamos no status 'rolinho primavera' mesmo à beira do outono" etc. Basta dizer "estamos nos coincidindo".

Cada coincidência, no começo de história, é um pequeno gozo. Mesmo que seja uma coincidência fingida como um eventual futuro orgasmo.

A difícil vida fácil PÓS-VIAGRA

E eis que encontro a G.
A (perdão, pudicos) gostosa da G., 27 anos. Havia conhecido com vinte e um, vinte e dois, na Faculdade Anhembi Morumbi, em São Paulo, em uma palestra para os alunos do curso de jornalismo.

Gananciosa, impaciente com o ritmo normal das esperas da vida e entusiasmada com o surfistismo possível, virou garota de programa, como relembra. Moda, modinha muito em alta na época.

Depois de abandonar o sonho do lead e do sub-lead, o começo e o sub-começo das reportagens, para explicar a quem não é do ramo, G. levou a sério a nova profissa. Queria ter as coisas. Justo. Impaciente demais da conta para ser uma escrava da pauta.

Família classe média em crise.
Moema, Zona Sul.
Cobranças.
Fumaças maconhosas no inconsciente. Perdições. E haja!
Ganhou dinheiro. Não sei se muito, conta pouco sobre isso.

Torrou um bocado em champanhe e drogas, arrebanhou de novo outro tanto, cheirou mais uma vez a nova remessa da moeda que chegou fácil, casou com um cara milionário (para os seus padrões), um playba, coxinha, óbvio, que não segurou a onda – "Puta!", acusação repetida toda noite, mesmo tendo sido esse o fetiche inicial do rapaz. Humilhação.

Idas, voltas, ela conta. Difícil acompanhar direito a narrativa veloz dentro da noite; só lembro seu rostinho na primeira fila da sua escola. Naquela noite da palestra. Classe. Que linda. Recordo, ela perguntou: "Gosta do Pedro Juan Gutiérrez, o cubano?"

Também falou, sei lá, do começo do livro *Lolita*, aquela coisa do céu da boca, Lo-li-ta, o palato, a pronúncia, essas coisas do professor tarado H.H., o personagem. Menina! Ela sabia tudo.

No que G., sem mais nem menos, no nosso reencontro, salta a marcha da história e rebenta: "Larguei a difícil vida fácil, como classificavam antigamente o nosso ramo."

G., não duvidem, é uma das garotas mais inteligentes que este velho cronista do amor e da sorte já encontrou sob os fios de barba brancos.

Moral da história, na voz macia da moça: "O Viagra e seus congêneres (ela é capaz desse vocabulário, senhoras e senhores, por isso que eu me apaixono de novo) está acabando, e não é de hoje, com a mais antiga das profissões."

Comassim?, indago, no susto.

"Até os tiozinhos de sessenta e tantos chegam em cima da gente e não saem nunca, nem empurrados. Dão trabalho demais da conta, temos que aguentar aquela paudurescência inverossímil!"

Sim, amigos, ela ama a palavra "inverossímil", ela é inteligente, donde inverossímil vem a ser aquilo que de fato não parece verdadeiro, podicrê.

Assim como vovô viu o Viagra, ditame da nova cartilha moderna, os tiozinhos pós-40 e os mais jovens, de todas as faixas, também usam o dopping do sexo. É cada vez mais raro aquele cliente que chegava para contar sua vida, bater um papo. Acabou a moleza também daquela transa rapidíssima, precoce, dinheiro sem muito trabalho.

Já era. Esquece. G. me convence.

"Estou caindo fora", lavra a despedida. "Não que eu buscasse romantismo; queria era dinheiro mesmo, mas animalizou geral a parada."

A difícil vida fácil nunca foi tão punk em tempos enviagrados.

Levo G. para tomar um sorvete...

UM PAPO FIRME COM
Pedro Juan Gutiérrez

Com um desprezo sem fim pelo mundo virtual, o escritor cubano Pedro Juan Gutiérrez, 61, com quem tive o prazer – quase sexual! – de conversar hoje, nos deixa uma mensagem explícita: levantem a bunda desses computadores e cuidem mais das suas mulheres. Uns poucos amigos também merecem o mesmo cuidado olho no olho.

"Trepem mais, como se diz no Brasil; vivam mais intensamente, dramaticamente; não se tornem escravos da virtualidade", lançou a sua mensagem, como uma boa garrafa de rum cubano atirada nos mares interneteiros, antes de iniciarmos uma mesa do III Congresso Internacional de Jornalismo Cultural, no Sesc Vila Mariana, em São Paulo. Fui mediador da conversa.

Diante da plateia composta de *calientes* e curiosas chicas – quantos oclinhos inspiradores –, a prosa seguiu na mesma pegada: "Tem que tocar", resumiu o seu panfleto contra a virtualidade. O que o *compay* Gutiérrez tem com o seu nome na internet, um site homônimo e uma conta no Facebook, é feito por amigos. Nisso ele faz questão de não tocar, passa a léguas de distância.

É, amigo(a), para o cubano, vale o mantra de Eduardo Kac, um gênio de Copacabana: só se cura um amor platônico com uma trepada homérica.

Mas não ficamos só nesta questão básica da humanidade: tocar e não tocar. Gutiérrez começou a participação com uma pequena mostra dos seus poemas visuais, colagens – chistes produzidos recentemente na Espanha –; vive no momento uma temporada entre Madri e Tenerife, onde escreve novo livro.

Durante a projeção dos poemas, leu um belo texto sobre os jogos da criação literária, realçando o seu amor por Cortázar, outro grande jogador, e Kafka, uma obsessão também da sua jogatina como leitor.

A importância desse "juego" entre leitor e escriba, que era o tema central da mesa, não obscureceu, evidentemente, o cheiro de sexo e a realidade cubana. Foi tão importante quanto os livros na sua formação – mirem no exemplo, meus rapazes, uma puta de 40 anos para quem gastou a imaginação em mirabolantes enredos masturbatórios. Isso é que é oficina de criação!

Pedro Juan Gutiérrez sempre evitou falar de maneira mais direta sobre a política do seu país, embora a sua ficção diga tudo sem carecer de algo mais didático ou panfletário. Contou que a leve abertura no regime já fez surgir pequenas edições dos seus livros na ilha.

O autor de *Trilogia suja de Havana* é um animal literário, daqueles que vivem intensamente para escrever depois. Mas, cuidado, amigo, muita coisa que se publica sobre ele é uma hipérbole sugerida pelo universo da sua criação e pelo folclore em torno da sua biografia.

Conta que não foi, por exemplo, gigolô, como registram fartamente por aí. Sua proximidade com as putas sempre foi mais carinhosa.

Não foi gigolô, porém exerceu o jornalismo durante 26 anos. Haveria alguma semelhança entre os dois ofícios?, perguntei. O animal literário, mamífero e, por isso mesmo, com grande queda pela conjunção carnal, como ressaltou, apenas riu. Disse que voltaria a ser periodista na *buena*. Mas não em Cuba, onde não teria liberdade total para o exercício.

Se a virtualidade mereceu um cruzado de direita do boxeador, o politicamente correto levou uma esquerda no baço: "Vai acabar com o mundo." O seu livro *O animal tropical* não foi publicado nos EUA por essa patrulha pé no saco, contou. "Na Europa", disse, "os editores também estão contaminados pela correção exagerada."

Striptease AO CONTRÁRIO

Você acorda e está diante do maior espetáculo da Terra: a mulher no seu ritual de arrumação, o banho, o creme na perna levemente amparada sobre a poltrona, os cabides em forma das mesmas interrogações e dúvidas — com que roupa? — e, aos poucos, peça a peça, me vejo diante da Anna Karina, a atriz, no auge da Nouvelle Vague. Em muitas ocasiões, finjo até que estou dormindo só para flagrar a beleza sem interferir no acontecimento. Dessa forma, ela se apresenta mais naturalmente e oferece melhores ângulos. Cena a cena, meu filme preferido, cinema na cama antes de pedir o café para nós dois.

Porque uma mulher se vestindo é infinitamente mais elegante do que uma mulher tirando a roupa. Por mais que seja fina, há sempre um descuido ao despir-se, além da pressa inimiga, claro, nos momentos do sexo selvagem.

Seja um Yves Saint Laurent, um garimpo de brechó ou um vestido do magazine mais próximo. Não importa. O que vale é o ritual, a combinação de cores, os detalhes, o quadro a quadro que constrói o figurino. *Lindo e lento striptease ao contrário. E o momento da maquiagem?* Passo mal ao espiar ao longe. Sim, nada de acreditar nessa historinha de "você já é bonita com o que Deus lhe deu!"

Dorival Caymmi, saravá meu pai!, é uma beleza de homem, mas pinte esse rosto que eu gosto e que é só seu. Com todos aqueles lápis que lhe fazem uma criança brincando de colorir o desejo.

Agora ela anda na casa, à procura do acessório perdido... Seus passos fazem música com os tacos — como é bom ouvir, excitado, aquele ritmo ainda embaixo dos lençóis. Quando o destino é uma festa, o ritual não é menos nobre. Mas ainda prefiro o preguiçoso espetáculo das manhãs — final das manhãs, digamos, porque madrugar ninguém merece.

E sempre rio baixinho do momento da dúvida na escolha do vestuário, quando você suspira, quando você solta o mesmo resmungo de todas as mulheres do mundo: "Não tenho roupa." Pode ser uma madame de alta classe ou uma jovem atriz que ainda trabalha de garçonete.

O importante é que você se veste e aquele filme, cinemascope, passa como sonho o resto do dia, *slow* total, na minha cabeça.

AMOR DE PASSEATA

A onda de manifestações também deixa seus amores, seus quase amores, suas paqueras à espera de certa primavera, suas promessas de felicidade dispersadas à base de balas de borracha.

Amor de passeata pode durar apenas um beijo, amor de troco, amor tipo 20 centavos; amor de passeata é amor volúvel que pode durar apenas uma palavra de ordem: abaixo alguma coisa e pronto.

Amor de manifestante é amor de causa... Depois daquela noite cada um vai cuidar de salvar a própria pele em outra barricada.

Amor de passeata é o amor que conjuga o verbo "ocupar" no sentido mais amplo: eu te ocupo, tu me ocupas e nós ocupamos juntos o espaço sideral dos nossos sonhos, meu amor de Barbarella.

Amor de passeata é do tipo toda forma de amar vale a pena; tipo assim o melhor cartaz contra o Feliciano, o parlamentar pentencostal mais conservador do universo: "Meu cu é laico."

A falta de uma causa bem definida também pode ser um bom motivo amoroso. A história como pano de fundo, mesmo em um triângulo que ocupa mais a banheira do que as ruas; a causa com buquê de vinho francês, por que não? Viva Paris 68 no retrovisor dos passos da rapaziada de hoje! Afinal, o amor por si já é uma puta bandeira e acaba empurrando para as ruas naturalmente – estou falando, evidentemente, do filme *Os sonhadores*, do gênio Bernardo Bertolucci.

Amor de passeata também pode lembrar, caro Marechal, aquele maluco do "bloco do eu sozinho", cá do Rio de Janeiro: cada um com o seu motivo de protesto em busca de um cordão de isolamento.

Amor de passeata é indecifrável como foi inicialmente a onda dos manifestos. Amor de passeata é rachado, porque meu partido é um coração partido, como disse o poeta do Baixo.

Pode ser anarcopunk o amor no meio do tumulto: faça você mesmo, não espere o movimento tomar corpo.

Duro é proteger a amada, a amante, no meio daquela nuvem de efeito moral e covardia fardada.

A passeata também é uma boa hora para dar um sacode naquele amor acomodado, aquele amor oficial que repete as práticas démodés, aquele amor ressentido, resquícios autoritários, aquele amor que gostava de política ainda no Collorgate.

Manifeste-se, Lola, contra esses tempos de homem frouxo, o homem de Ossanha, aquele do samba do Vinicius e do Baden, o cara do diz-que-vai-não-vou, eterno chove-não-molha.

Duro é amar de verdade, pois o amor, assim como o mar dos protestos, não tem uma pauta definida. Decifra-me ou me apavoro, ameixas, ame-as ou deixe-as, já avisou o cartaz do samurai-polaco.

Em compensação, quando vinga, o amor de passeata é por muito tempo... E o fim, um dia, quem sabe, será com as lágrimas sinceras do luto, vai lembrar que vocês se conheceram chorando gás lacrimogêneo.

L., 19 ANOS, DESISTIU DE AMAR

Entre as centenas de cartas de amor desesperado que chegaram ao nosso consultório sentimental, Madame Corações Solitários – auxiliar deste cronista – escolheu a menos esperançosa para uma tentativa de aconselhamento. Se é que é possível.

Lucy da Depressão, como a remetente se denomina, já diz tudo na sua sincera assinatura. Ela tem apenas 19 anos, 19 primaveras, amigos, e não acredita mais no amor.

Como pode?

"Não sou do tipo que abre o coração, pois todas as vezes que tive a infelicidade de fazer isso, alguém colocou um alfinete nele", conta Lucy no seu inferno particularíssimo. "Na verdade, isso aconteceu duas vezes nos meus dezenove anos de vida. Porém, pareço ter setenta de amargura. Não acredito no amor. Não acredito em palavras bonitas", prossegue com o seu infortúnio precoce.

Deixemos falar mais a voz profunda e antilírica do coração da moça:

"Acho beijos públicos nojentos. Acho flores ridículas. Poemas, bom, poemas só se forem de dor", confessa a nossa alma irmã da Florbela Espanca.

Lucy traduz o seu sofrimento até na roupa que veste:

"Eu me visto como uma crente, sempre ando pelos cantos, cabeça baixa e pensando no impossível! Penso em alguém que nem existe!"

Lucy, em mais um rasgo de sinceridade que faz lacrimejar o cronista e a Madame Miss Corações Solitários, escreve:

"Acho tudo lindo nos outros, exceto em mim. Não consigo ver o amor em mim. Não consigo ver sentido. Não consigo ter um olhar apaixonado. Sabe qual a razão, madame? Tenho medo."

Aí está a razão de tudo, querida consulente. O medo. Com medo, parodiando o tio Nelson, não se atravessa uma rua, não se chupa um sorvete. Aos 19 anos não se deve temer nada que é terreno, Lucy. Amor é risco. Sempre foi e sempre será um salto no escuro.

"Te *juega*, rapariga em fulô", dita aqui a Madame, no seu portunhol selvagem que mistura a sua Sevilha de nascença com a beira do Capibaribe onde hoje habita.

Com medo não se encara um olhar de um mancebo; com medo não se põe o pé na rua, não se conhece a verdadeira tempestade.

E outra, sofrida e jovem criatura, não existe amor sem beijo público.

Não existe amor sem testemunhas. O amor está condicionado à vista alheia. Por que os amantes clandestinos sofrem tanto? Ora, porque não podem tornar público o amor que deveras sentem.

Lucy, por mais que tenhas te decepcionado com alguém, não há como desistir das coisas do coração no auge dos 19 aninhos.

Tua vida, ao contrário do teu prognóstico, não terminará como a da protagonista do livro *Um dia*, do David Nicholls.

Quer perder essa paúra amorosa, meu coraçãozinho aflito?

Comece por amar irresponsavelmente, sem medo de ferir ou ser ferida, como se fosse apenas um treino, um ensaio para um amor de verdade.

É aquela velha história, amiga: amar é como andar de bicicleta, só se aprende ralando os joelhos.

Sorte, *cariño*, da sua Madame ou Miss Corações Solitários.

NINGUÉM FAZ AMOR
como a mulher culpada

Tem coisa melhor no mundo que amor de mulher culpada?

Sim, porque como dizia o tio Nelson, até a virtude prevarica, então aproveitemos o doce amor da mulher culpada, a recompensadora, a justa, a mais honesta de todas as fêmeas do mundo.

A criatura que deseja, sobre todas as coisas, nos agradar como nunca, como se fosse a primeira vez.

Há algo como uma nova e estranha virgindade na mulher carregada de culpa.

Todo perdão do mundo às moças com olhos de arrependimento.

Nada mais digno do que uma mulher que erra e, silenciosamente, nos faz o mais generoso dos agrados na alcova.

Nada de esbravejar no encontro com a mulher culpada.

Sentindo-se pecadora, ela se torna automaticamente mais virtuosa. O delito a faz mais pura.

A culpa já é castigo suficiente para o crime.

Pelo capricho generoso da mulher que erra e volta para os nossos braços.

Detectamos ao longe uma fêmea com a forte e indisfarçável fragrância da culpa.

Não diga nada nessa hora. Você pode fazer uma besteira monumental, amigo, além de perder a melhor das recompensas, o melhor do sexo, o melhor da cama e mesa.

Não é que a mulher culpada se torne por uns dias uma submissa. Não é que adote um amelismo improvável para os dias de hoje.

Ela simplesmente nunca mais será a mesma.

Não estamos tratando, colega, do folclórico corno manso. Há mais sofisticação no sentimento de culpa do que uma mera pulada de cerca.

Nada melhora mais a cria das nossas costelas do que a culpa. A bíblica culpa no juízo.

Se Deus não está morto, há de continuar existindo a mulher culpada. Por mais que o poder feminino comande plataformas de petróleo, governe nações, discurse na ONU...

Já viram como ficam maldosamente mais bonitos os olhos negros tingidos de culpa?

Que não nos relate nada a mulher culpada! Que guarde aquele suposto pecado para torná-la mais sexy e desejável!

Que nada nos conte! Que o marido não seja o último a saber! Que o marido não saiba nunca! Ninguém faz amor como uma mulher culpada.

O PARTIDO DOS CORAÇÕES PARTIDOS

A velha política, livre de qualquer novidade, pega fogo, com toda sorte de mistificação e preconceito. A velha política pede abrigo no coração das trevas.

Mas o que interessa, nesse momento, é o coração partido de Carolina, ainda menina para um amor tão punk-rock.

Ela escreve a este cronista-conselheiro e diz que achava que a dor, nessas ocasiões, era apenas simbólica. Ela diz que dói no osso, nas articulações, na sola dos pés, do-in às avessas etc.

Eu digo: passa, não se avexe. Mas tem o tempo disso, o luto, o processo.

Ela pergunta: quanto tempo?

Só o vento sabe a resposta, digo, num mix de título de livro de J.M. Simmel e versos de Bob Dylan.

O partido de Carolina é o do mais óbvio e destroçado coração partido. Tem remédio?

Se a vida dói, drinque caubói, receito, diante da gravidade da hora.

Carolina sequer levou um pé na bunda; não rolou sequer o velho ki-chute do desprezo em desleais pontapés da trairagem.

Carolina conta: simplesmente tomou conhecimento de que o miserável das costas ocas já havia mudado de mala e cuia para a casa da outra sem sequer avisá-la do triste ocorrido.

Se a vida dói, drinque caubói, repito meu velho mantra.

Tente também a psicanálise, a terapia tradicional, o budismo, a macumba, os florais, a tarja preta, a reza forte.

Nada disso vai dar jeito imediato, mas tente, menina. Tente. A gente precisa ter uma ilusão de cura nesse momento. Viver também é placebo.

Os amigos de esquerda, os colegas de direita, os queridíssimos anarquistas tentam falar de eleições com Carolina.

Não tem jeito. Seu coração partido está imune a discursos. O partido do coração partido não consegue fazer alianças oportunistas.

Não há segundo turno para os partidários do vexame amoroso.

Carolina escuta Cat Power, Patti Smith, Wander Wildner, Tatá Aeroplano e Robertão das antigas.

Carolina escuta também um pouco, só um pouco, do Chico, afinal seu batismo é baseado na música homônima do cara: "Inútil dormir, a dor não passa."

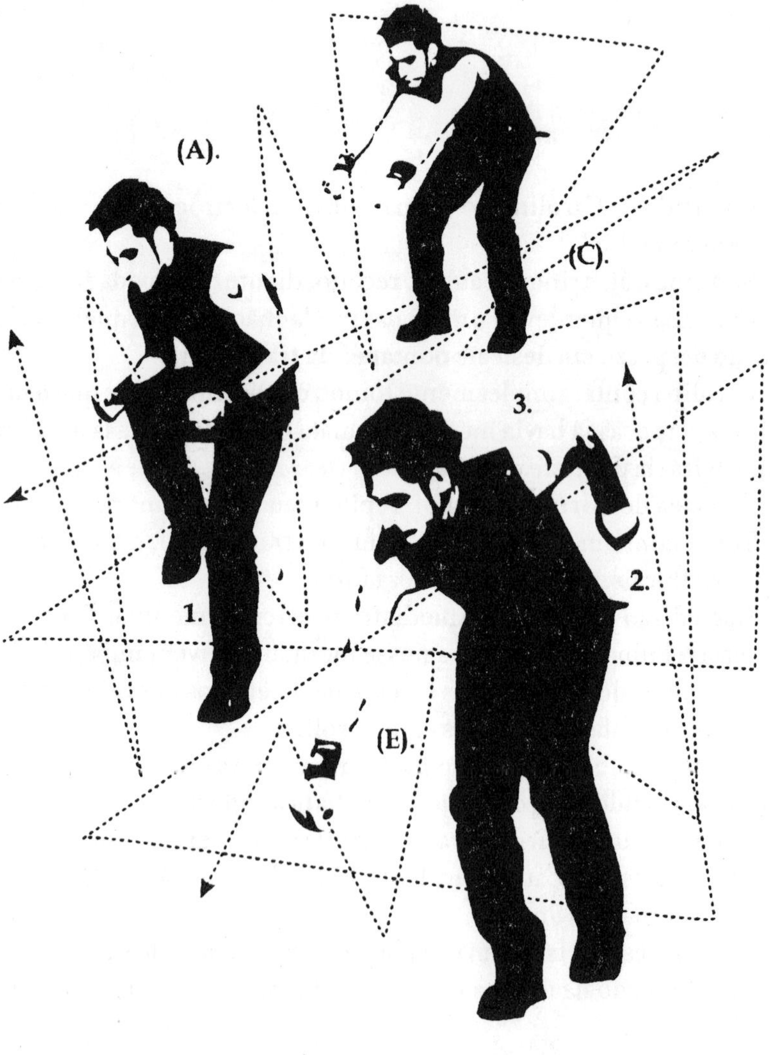
(A).
(C).
3.
1.
2.
(E).

QUANTO TEMPO DURA UM AMOR À DISTÂNCIA

Gostosa, ela é gostosa, o que está pegando é que ela mora muito longe. Bem que minha mãe avisou: trinta e seis horas de ônibus e cacetadas, para ir e para voltar...

Esse Jorge Ben Jor sabe das coisas. É barra.

Quanto tempo resiste um amor à distância? A coisa é tão complicada que nem essa crase é consenso entre os gramáticos. Evanildo Bechara prefere com. A maioria, sem. Deixemos a causa com o professor Pasquale. Segue o bonde.

Existe uma quilometragem razoável?

Não estou falando de um amor de ponte aérea ou de um amor Juazeiro/Petrolina, muito menos um amor São Paulo/Ribeirão Preto, por exemplo.

Falo de algo como Milão/Parque São Jorge, São Paulo.

Um amor com um oceano no meio é outra parada.

Sim, atentei para o assunto ao ver o menino Pato, novo jogador do Corinthians, dizer que o seu amor à distância com a Barbara Berlusconi, a mocinha filha do chefão italiano, não seria um problema. Ela não planeja, por enquanto, mudar de país.

Tudo bem, eles têm grana e podem se ver com uma boa frequência, diria o amigo.

No amor à distância, meu caro, não é bem assim que a banda toca. Não é essa facilidade toda, mesmo com todo o dinheiro do mundo. O amor à distância é bronca. Mesmo com Skype, WhatsApp, aplicativos e gambiarras que ajudam a matar a saudade...

O amor exige missa de corpo presente.
Amor é comparecimento.
Óbvio que, se existe mesmo amor, segura por um bom tempo até um dos pombinhos cumprir o ciclo migratório.
Já tive uma experiência SP/Recife e outra Rio/SP. Para segurar as pontas, digamos assim, passamos, em ambos os casos, por mudanças de cidade.
Por um tempo é um tesão você viajar, livre da rotina do casamento, e encontrar o(a) outro(a). *Fuego en las entrañas*, como se diz em portunhol selvagem.
Acontece que chega aquela sexta-feira e você sente certa preguiça de enfrentar o trânsito até a rodoviária, até o aeroporto, ou mesmo de pegar a estrada de carro – para quem dirige e namora a uma distância razoável.
Acontece que bate uma carência. Acontece que ela não está a seu lado naquela festa. Acontece o que também acontece, humanamente, até com os casais que vivem grudados – imagina para quem não está tão perto assim... Simplesmente acontece. É do jogo, caríssimo Pato, sabes muito bem disso.
Sim, amigo, a saudade é o genérico do Viagra, mas saudade demais também cansa. Camões já dizia algo do gênero nos seus delírios oceânicos.
Um diploma à distância até que é fácil. Eu que o diga, diplomado detetive pelo clássico Instituto Universal Brasileiro. No amor é diferente.

O AMOR E SEUS APLICATIVOS

Para Nick Lanis

É cada uma nesses tempos de amores líquidos e escorregadios... Todo mundo se entende num clique de um curtir do Facebook ou de um coraçãozinho inflamável em um aplicativo.

Repare nessa pequena fábula de modernagem que ocorreu outro dia com uma amiga desejadíssima de São Paulo.

Depois de uns seis meses de peleja, paixão e poucos encontros – ele sempre ensaboado e fugidio, como a maioria dos homens de hoje –, ela resolve se livrar da pequena tortura amorosa.

Chega!

Sem essa de pouca chuva no seu roçado. De secura/volume morto de água basta o da capital paulistana.

Eis que a amiga, de saco cheio mesmo, resolve entrar no Tinder, essa brincadeira da grande comilança, como diz meu amigo Marco Ferreri.

Sejamos mais docemente pedagógicos: o Tinder é o mais objetivo dos aplicativos dos tarados na internet.

Ela entra. Toda gostosa.

Logo na terceira opção da galeria do tesão clandestino, surge o cara, todo "se achando" na fotinha de isca.

Entre a surpresa e um risinho nervoso, a nega mandou um coraçãozinho para cima do desalmado. Não é que o miserável tinha flechado também a bela moça!

Rolou o "match", a coincidência que tem feito a alegria, pelo menos a alegria passageira, dos amantes.

Poucas horas antes o infeliz-das-costas-ocas havia demonstrado, na vida real, o seu fastio. Havia declarado que não estava a fim, blá-blá-blá e outras nove-horas.

Só rindo mesmo, como ela fez ao me narrar a fábula moderna.

Teria ficado com ciúme da presença da moça na farra do aplicativo, mesmo tendo dito que não estava no jogo da vida com ela?

A historinha me fez lembrar uma frase do escritor norte-americano Jonathan Franzen, em um ensaio do livro *Como ficar sozinho*:

"O amor representa uma enorme ameaça à ordem tecnoconsumista, porque ele denuncia a mentira."

O ficcionista também mandou esta, que cairia tão bem no episódio real quanto o vestuário sexy da minha amiga:

"O simples fato é que a tentativa de ser perfeitamente curtível é incompatível com os relacionamentos amorosos."

É. Pode ser.

SELFIE DA BROCHADA

Comecemos à moda do samurai-polaco Paulo Leminski, com um haikaizim de lavra própria: Narciso no selfie/ reproduz o espelho/ para toda espécie.

Você viu, amigo(a), selfie pós-sexo é a nova mania no Instagram, a rede social da fotografia.

Acho fofo, mas passo. Agradeço.

Além de não ser assim um Marlon Brando da cena da manteiga do filme *O último tango em Paris* (1973), quero mais é curtir aquela sensação nirvânica.

Tem um detalhe: o homem não fica bem na foto depois do orgasmo – se tiver de ressaca, então, corra, Lola. Corra.

O único animal do mundo que canta depois que goza é o galo. O restante passa por uma bela tristeza do êxtase – o que tem sua beleza estética, mas não para ser mostrada.

O galo, sim, sairia bem na foto; o macho mamífero, não.

La petite mort, a pequena e bela morte, como dizem os franceses, e me lembra aqui, longe da cama, a leitora Tatiana Gageti.

No que aumento o volume do vinilzão do Serge Gainsbourg, desculpe aí, vizinha linda do 401 da Miguel Lemos (ai de mim, Copacabana!), e sigo, mais ou menos sereno.

Selfie, vê se me deixa fora de foco, selfie, vê se aplica o filtro Glauber Rocha: cabezas cortadas.

Depois do sexo, melhor abrigar a pequena no peito, aplicar-lhe sutis dengos e cafunés. Abrigar a pequena, sim, naquele silêncio dos inocentes.

Sem essa de sair correndo para tomar banho, como fazem os mais assépticos e fresquinhos, os que não usufruem do melhor cheiro, o cheiro sagrado dos lambuzamentos sexuais.

O melhor de tudo é guardar esse cheiro na barba e nos dedos e sair com esse perfume a flanar pela cidade em constante porre olfativo.

Melhor esquecer o banho agoniado de alguns limpinhos donzelos... Como estivessem higienizando os "pecados" à custa do sabonete L'Occitane da moça de fino trato.

Ah, esses moços, pobres moços. Ah, se soubessem, caro Lupicínio, como é bom guardar o cheiro dela, não do sabonete ou de fragrâncias fru-frus, no próprio corpo. Ah, o cheirinho da loló como memória do mais sujo dos sexos.

Que #aftersex que nada!

Aftersex um cacete! Sem essa de fatos & fodas, como chamávamos a velha revista do Sr. Adolpho Bloch, grupo Manchete.

Essa selfie do suposto orgasmo é muito perva. Tem a perversão, assim como uma foto gourmet em algum restaurante metido e picareta, de bolir com a inveja alheia, o pecado capital predominante nas redes.

Quero ver é postar uma brochada, ou broxada — pelo menos os dicionaristas têm bons corações: admitem as duas grafias desse humaníssimo ato falho.

Quero ver é postar a selfie ao modo daquela canção nietzschiana do Wando: "Beijo tuas costas e nada/ correm duas lágrimas geladas."

Não, amigo, ninguém posta. Nas redes sociais todos somos Ziraldos, o genial cartunista brasileiro que assegura nunca ter brochado na vida.

A arte DE DAR UM PERDIDO

"Dar um perdido" sem deixar pistas, por causa das mil e uma novidades tecnológicas, é algo cada vez mais raro ou estou enganado? Creio que seja mesmo impossível nos dias que correm.

Pelo menos ficou bem mais difícil a operação ou a mentira. Recentemente vi muitos "perdidos" desmascarados ao simples descuido de uma foto nas redes sociais etc. Por mais que a criatura se esconda, é de altíssimo risco — era facílimo na era pré-celular, localizadores e todas essas novas geringonças.

Pelo menos agora requer muita cara de pau do rapaz ou da rapariga, além de uma boa habilidade tecnológica para desviar os aparelhos, evitar os radares etc.

Trai-se hoje como no tempo de Madame Bovary. A descoberta, porém, beira os 90%, apurou o meu Databoteco.

Como "dar um perdido" sem ser descoberto na mentira depois? No Yahoo! Respostas, fonte de diversão pura, uma moça chamada Felina, que aparece em biquíni à prova de sumiços, dá a dica a uma jovem colega:

"Fala que vai dormir na casa de uma tia, pois ela vai fazer um exame e precisa de companhia para ficar com ela. Ou diz que ficou doente, que pegou gripe suína. E pede para sua mãe ou alguém da sua casa, quando atender o telefone, confirmar a história."

Há a preocupação em amarrar todos os pontos ou as pontas, como queira. Outras respostas advertem: vale na hora, mas com o tempo as provas do crime aparecem nas redes sociais.

Reparo que existe uma diferença entre o truque masculino e o feminino.

No caso dos homens, a incapacidade de construir uma narrativa verossímil piora a justificativa do "perdido". Somos fantasiosos demais da conta, um desastre.

Na ficção do "perdido", o macho é do realismo fantástico, é cada história de fazer corar o Gabriel García Márquez; a fêmea tem uma prosa mais enxuta, certeira e crível, seja ou não verdadeira a história que conta.

Mulher está mais, nesse aspecto, e somente nesse aspecto, para o texto seco e mortal do romance policial ou *noir* americano, escola de Dashiell Hammett, Chandler etc.

Homem é capaz de dizer que foi abduzido, que esteve na ilha de Lost, que era um dos passageiros do avião desaparecido da Malásia.

É, amigos da Bahia, "dar o zignow" ou simplesmente "o zig", como se diz em Salvador, não é mais arte para amadores.

"Zignow" ou "Zignal", como já abrasileirado pelo grupo Harmonia do Samba, teria origem no termo *sign out*, quando você cai fora de um site, por exemplo. Boto fé.

Atitude sorrateira também conhecida como "dar o ninja", o "perdido" ao qual me refiro não é aquele simples bolo de uma história que ainda não engatou. Aí é coisa de homem frouxo mesmo, meu caro, o homem de Ossanha tão marcante no nosso tempo – o homem que diz "vou" e não vai, como na canção de Vinicius e Baden Powell, assunto lá do começo deste livro.

Tampouco falo do "perdido" clássico das antigas, aquele de sair para comprar cigarro e voltar dali a dias ou, em alguns casos, nunca mais. Não, não se fuma mais o king size do abandono dessa forma.

"Dar um ninja", escapulida que rendeu o nome de um motel famoso no bairro da Várzea, no Recife, está cada vez mais difícil. Nem pense, amigo, que ela não sacou tudo. Apenas fingiu de lesa. Tua batata está assando a mil graus em um forno elétrico.

O MEDO DO HOMEM DIANTE DO
julgamento feminino

Tudo bem, o aplicativo Lulu quer reduzir a mulher a um macho mal-acabado, como lembra a amiga Aline Guilherme, minha rodriguianíssima enfermeira corintiana do Ipiranga.

Tudo bem, o luluzismo pode ser uma doença infantil do machismo da fêmea. Mas daí uma autoridade mobilizar o Ministério Público, como acontece no Distrito Federal, para processar os gerentes do aplicativo, minha Nossa Senhora da Conceição do Mato Dentro!

Tanta safadeza para resolver no Planalto Central do país, meu Deus.

Repare no argumento da Promotoria: o programa é capaz de ofender direitos da personalidade de milhões de usuários do sexo masculino.

Ah, vá! Que se virem os marmanjos ofendidinhos, os marmanjos reprovados no Enem do amor e do sexo! E do jogo. Apenas o sintoma da modernidade maluca, que traz, na corcunda das suas contradições, muitas coisas também geniais.

Lulu é uma bobagem, meu bem, mas não mata ninguém. Macharada, como disse na crônica anterior sobre o tema, leva na esportiva. *Fair play, brother. Fair play.*

Somos falíveis, completamente falíveis, e cheios de defeitos. E isso é lindo, demasiadamente humano, como diria o bigode grosso da filosofia do super-homem.

Acho que a mulherada anda até generosa demais para os nossos defeitos. Os de fábrica, os adquiridos e para a nossa folga eterna em relação às moças. O que é uma notinha diante de uma ficha corrida histórica dessas?!

É óbvio ululante, querida Lulu, que a vida é subjetividade pura e enquadrá-la em um aplicativo é apenas uma piada comercial barata. Até você sabe, Luluzete.

Mas daí esse medo todo do macho diante do pênalti! Relaxa, não passa nada.

Palavra de quem anda ultimamente como um Vascão do amor e da sorte: beirando o rebaixamento.

Palavra de quem virou pó de arroz na cama como o tricolor das Laranjeiras.

Palavra de quem timbuzou geral na hora agá da alcova.

Palavra de quem caiu de véspera para a Segundona.

Palavra de quem já viu a Ponte cair várias vezes.

Relax, amigo, se ela aplica o Lulu, aplica o projeto Lázaro: levanta e anda.

NÃO SE COMEM INIMIGOS

A princípio não se comem inimigos – a não ser no canibalismo mais selvagem dos bravos caetés e tupinambás. Daí surgiu o Bang With Friends, o aplicativo do Facebook para facilitar a transa entre os(as) amiguinhos(as) da rede social.

Mas, eis que um dia, o que se anunciava como seguro e secreto teve suas portas arrombadas. Uma falha no serviço, como vimos, permitiu que todo mundo visse quem estava a fim de uma saudável sacanagenzinha sem compromisso.

Como a maioria de vocês, fui conferir a lista dos meus amigos na fila do B.W.F. Fora uma carola ou outra, estavam lá os críveis personagens que eu imaginava mesmo. Sem grandes surpresas. Os queridos e queridas tarados de sempre.

Confusão mesmo, federalíssimo barraco, rolou com um casal amigo de Brasília. Chamemos as doces criaturas de Eduardo & Mônica, no embalo místico da febre Renato Russo.

Eduardo conferiu e ficou furioso ao ver que a sua linda mulher estava a fim de uma aventura além das cercanias do lar, doce lar.

Mônica riu ao ver o maridão inscrito no serviço outrora secreto. Mônica, mais liberal, não se escandaliza com café pequeno. Não houve sequer espanto para a sossegadíssima candanga-girl.

Eduardo, um tanto quanto hipócrita e porco-chauvinista, não se conforma. "Ela está a fim de dar para outros, cara. Não sei se vou conseguir conviver agora com essa realidade", disse-me. "Para quantos ela já deu a essa altura?"

Eduardo está paranoico. Não sossega o juízo. Fica repassando a lista geral dos amigos de Mônica para tentar descobrir com quem ela teria transado. Um obsessivo.

Sossega, meu rapaz. Afinal, como soprou um camarada no bar Joia Carioca, chifre é como rato: você acha um e logo aparece um monte. Deixa quieto.

Amigo do casal, farei tudo, com as forças poderosas de Miss Corações Solitários, para devolver a paz aos pombinhos.

Bobagem, meu bem, não passa nada. Temos que aprender a conviver com essa vida paralela que quase todos nós adotamos na rede.

Uma vida paralela como canal das humaníssimas fantasias diárias. Não obrigatoriamente para ir às vias de fato.

Aproveitem tais fantasias para requentar geral a chapa caseira. Funciona. Agora, com licença que vou ali mandar um sinal de *fuego* para as carolas da minha lista amiga.

NO PINGA-PINGA DO *amor líquido*

Domingo gelado — coração idem —, posta a amiga da Vila Tolstói, Zona Leste, São Paulo.

No WhatsApp, ela relata casos, namoricos, ficâncias, fogos-fátuos, fodas fugazes e outros eventuais acontecimentos do pinga-pinga do amor líquido.

Andara a danada a fazer bom uso do Tinder, objetivíssimo aplicativo da internet para fins sexuais imediatistas.

W., porém, não está nada bem. A frequência e o vazio dos encontros, relata, a deixou numa ressaca dos diabos.

Tento demovê-la pelo menos da parte moral do desespero — ainda não criaram o Engov da culpa.

O domingo gelado não deixa. Dar mole para a tristeza em um final de domingo é o mesmo que botar o enfezado bode sartriano para tomar conta do capinzal da existência.

Tento confortar a moça da Vila Tolstói:

Triste de quem fica desiludido(a) e evita outro amor de novo, cai no conto, blasfema, diz "tô fora", já era, tira onda, ri de quem ama, prageja e nunca mais se encontra dentro das próprias vestes.

Como se o amor fosse um quiosque de lucros, a bolsa de mercadorias e futuro, um fiado só amanhã, um comércio.

Como se dele fosse possível sair vivo, como nunca tivesse ouvido aquela parada de Camões, a do fogo que arde e não se sente, a da ferida, aquela sampleada por Renato Russo.

Triste de quem nem sabe se vingar do baque, sequer cantarola, no banheiro ou no botequim, "só vingança, vingança, vingança!", o clássico de Lupicínio, o inventor da dor de cotovelo, a esquina do osso úmero com o osso ulna (antigo cúbito) e rádio, claro, lição da anatomia e da espera no balcão da vida.

Tudo bem não querer repetir, com a mesma maldita pessoa, os mesmos erros, barracos e infernos avulsos e particularíssimos.

Triste de quem encerra o afeto de vez, como se aquela mulher e/ou aquele homem "x" fosse fumar o king size — duvidoso e sem filtro — lá fora e representasse o último dos humanos.

Chega do mané-clichê: todos os homens ou mulheres são iguais. Argh.

São mas não são, senhoras e senhores. Cada vez que uma folha se mexe no universo a vida é diferente — acho que roubei isso da arte zen de consertar motocicleta.

Todos os machos e todas as fêmeas são novidades. Podem até ser piores, uns mais do que os outros, porém dependem de vários fatores. Não adianta chamar o garçom do amor e passar a régua para sempre por causa de apenas um traste. Como se essa miserável criatura representasse a parte pelo todo da panelinha do mundo.

Já pensou quantos amores possíveis você estaria dispensando por essa causa errada?

E quem disse que amor é para dar certo?

Amor é uma viagem. De ácido.

E tem mais: a única vacina para um amor perdido é um novo amor achado. Vai nessa, aconselho! Só cura mesmo com outro. Mesmo que um placebo.

Muitas vezes não temos o amor da vida, mas temos um belo amor da semana, da quinzena, que de tão intenso e quente logo derrete. Foi bonita a festa, pá e pronto.

Vale tudo, só não valem o fastio e a descrença. Levanta dessa ressaca amorosa, meu Lázaro, minha Lázara.

O CROCHÊ MODERNINHO DO AMOR

A moça na fila do raios X do aeroporto dos Guararapes no seu crochê moderno, o crochezinho da nova era, digitando sem parar – já reparou como os dedinhos lembram o gestual do ponto das antigas agulhas maternas? Só que nossas mães faziam sentadinhas no sofá e não trombavam no poste da esquina.

Tricorzinho.

Mas sem essa de comparações nostálgicas. O que vale é que a cada mensagem no celular, a moça faz uma cara de safadeza mais linda deste mundo. Multiplicadas feições do desejo de quem voaria para os braços do seu novo rapaz.

(É deveras deselegante quando em uma turma – na mesa de bar ou restaurante – alguém, ou toda gente junta, se joga no crochezinho e esquece a humanidade. Quanta deselegância e fraqueza d'alma!)

Uma moça que caminha, desacompanhada, para pegar um avião rumo à felicidade, não. Não mesmo. Nada mais justo que esquentar o encontro com promessinhas *calientes*. Vale.

Tente ver pelos olhos do cronista. Ela ri com maldade. ela respira fundo, ela aperta o celular brevemente sobre os peitos. Para completar, a moça usa calças vermelhas, como a espiã sexy Brigitte Montfort desenhada pelo Benício para os livrinhos de bolso da série ZZ7, pulp fiction imperdível das antigas.

Opa, o raios X apita, a luz negativa acende, mas não há sinal de proibido para o desejo que já corre mundo. Ela dá meia-volta como se nada tivesse ocorrido.

Tira o casaco, no que se revelam tatuagens incríveis nos braços, uns braços, ave!, como naquele conto machadiano que li ainda na escola. Uns braços.

Tira o sapato... que pezinho! Tira colar, pulseiras, cinto... O belo striptease aeroportuário.

Apita mais ainda no raios X. Meia-volta. O sorriso está mais safado ainda, meio Monalisa, meio bocão Jolie.

Uma mulher em fogo, com um São João de Arcoverde por dentro, sempre apitará no raios X. Todas as brasas das fogueiras juninas em um coração de uma só moça.

O certo é que, depois de muitas tentativas, a moça seguiu no seu inabalável tricozinho tecnológico para o avião. A cada mensagem, um gesto; encolhia a hipótese de barriguinha — toda mulher tem que ter no mínimo uma hipótese de barriguinha, como Vinicius dizia.

Na sua poltrona 7D, imprensada entre dois homenzarrões, fez o crochezinho do amor e da safadeza até a aeromoça nervosa proibi-la.

Decolagem.

Fechou os olhos, apertou as mãos grudadas entre as pernas e dormiu entre as nuvens de algodão agridoce — como o tempero dos seus pratos prediletos.

Logo mais estaremos no Galeão...

Esteira, mala etc., e a moça no crochezinho/tricozinho irrefreável... Só levantou a cabeça ao cruzar a porta de saída e avistar o seu novo rapaz, um barbudinho moderno, segurando desajeitadamente um maço de flores entre as pernas. Só assim conseguia digitar também o seu ponto cruz do tesão inadiável no aparelho móvel.

O beijo também foi desajeitado, coisas dos primeiros encontros. Os celulares se espatifaram em um chão de estrelas, as flores lindamente amassadas entre os dois. Agora, torço, menos crochezinho e mais questão de pele, como falavam os sábios e velhos hippies.

Afinal, sempre vale repetir aqui o mantra greco-carioca do poeta Eduardo Kac: para curar um amor platônico, só uma trepada homérica.

1 2. 3. 4. 5. 6. 7. ...

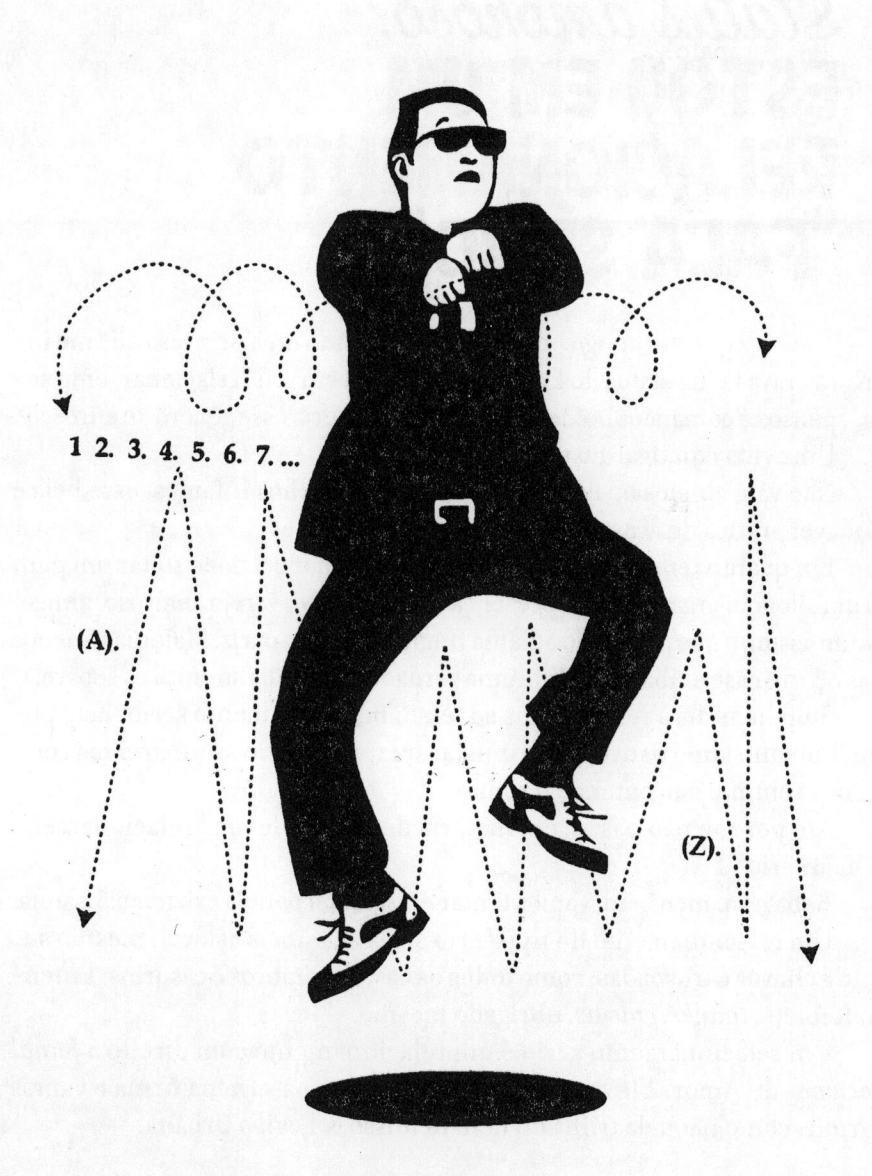

(A).

(Z).

Status amoroso: ESTOU EM UM RELACIONAMENTO "FALA SÉRIO"

Toda vez que um amigo, uma amiga ou mesmo uma princesa que me interessa crava lá, no status do Facebook, que está em um "relacionamento sério", penso cá com meus botões da inveja: como seria esse gênero de enrosco?

Uma vida conjugal austera e sem sorrisos?

Não vale chistes ou contar piadas? E trocadilhos infames, essa bela e saudável prática do acasalamento, também não vale?

Em quanto tempo, depois de iniciado o romance, pode soltar um pum ou um silencioso gás sarin na presença do outro? (No varejo amoroso, amigo, eis um assunto que pega. Não adianta fingir ou tapar o nariz. Mais dias, menos dias ocorre esse embate. Até que uma verdadeira bomba atômica os separe.)

Stop, marcha à ré, voltemos ao tema. Relacionamento sério. Este pobre, humaníssimo e invejoso cronista, sempre roendo as sangrentas cutículas do ciúme, não entende o rótulo.

Até porque não passo, em matéria de status, de um "relacionamento 'fala sério'".

Bobagem, meu bem, vamos tentar entender a parada existencialíssima.

Um relacionamento do tipo sério seria algo mais estável, mesmo sujeito a chuvas e trovoadas, como todos os casos, namoros e casórios. Entendi, fofolete, *thanks*, *gracias*, obrigado mesmo.

Um relacionamento sério é um relacionamento com direito a *Jornal Nacional* do Amor. Ele conta o seu dia, ela narra a saga na firma e vamos dormir, como naquela trilha do Renato Russo & Legião Urbana.

Deve ser mais ou menos isso, estou certo? Acho bonito, já tive algo parecido e até mais profundo, embora ainda sem o carimbo da seriedade facebookiana.

Esse SÉRIO é o que incomoda, caros periquitos.

Nada contra que os pombinhos se assumam na vida real e na virtualidade, na saúde e na doença, na firma e na firmeza do bairro etc. O amor é sempre lindo, estou muito dentro.

O que me desagrada é esse "sério", confesso. Porque os amores mais bonitos que vi – quanta inveja! – foram os amores esculhambados, relax for man, relax for woman, uma zona, uma bela safadeza que dava certo. Parou de rir do outro, adeus, já era, fechou a cara, subiu o zíper da moral e dos bons costumes.

Poxa, camarada Mark Elliot Zuckerberg, que tal contemplar outras categorias, sem querer julgar aqui a felicidade pombilínea?

Sim, bem sei que apenas a versão brasileira arromba a seriedade que incomoda. Cuma brasileiro, pois, é que lavro o protesto, afinal, reza o Esopo globalizado, estamos podendo.

Melhor seria, Mr. Mark, estar em um "relacionamento platônico", ou punhetístico, como a maioria dos que rolam na rede. Que tal, amigo?

Estar em um relacionamento qualquer nota, estar em um relacionamento humilhante, estar em um relacionamento fuleiro, estar em um relacionamento corra, Lola, corra...

E você aí, colega de sorte ou de infortúnio, qual o seu status amoroso? Aqui chupando o frio Chicabon da solidão, meu tio Nelson, me despeço.

Copacabana, verão do Ano da Graça de 2015.

Este livro foi composto na tipologia Filosofia,
em corpo 12/14, e impresso em papel
off-white no Sistema Cameron da Divisão
Gráfica da Distribuidora Record.